PERFECT LESSON BOOK
パーフェクトレッスンブック

身体《からだ》が変《か》わるとプレーが変《か》わる

超《ちょう》常識《じょうしき》！

サッカーフィジカルトレーニング

Soccer

Physical Training

監修●三栖 英揮／永井 将史

実業之日本社

はじめに

三栖 英揮

私が幼い頃の日本は、まだプロサッカーリーグがなく、ワールドカップにも一度も出場したことのないサッカー後進国でした。しかし、２０１９年シーズンでJリーグは27年目を迎え、全国各地に55のJリーグクラブが存在します。そういう点で、日本サッカーを取り巻く環境は、当時からは想像もできないような恵まれたものになりました。

高校生年代においてもリーグ戦が定着し、学校の部活動という日本のスポーツ文化と、Jリーグクラブなどのユースチームが共存し、日本独自のスタイルで発展を遂げています。私がコンディショニングコーチとして活動を始めた２０００年代初頭には、育成年代において専門的なフィジカルトレーニングはほとんど行われておらず、フィジカルトレーニングの話と言えば、伝統的な走り込みといったものばかりでした。

私は日本サッカーの育成年代のフィジカルトレーニングの環境を、少しでも世界基準に近づけたいという思いを持ち、微力ながらも日々活動してきました。今日ではスポーツ医科学の専門教育を受けた数多くの人材がスポーツの現場で活躍し、10年前では考えられないほどの仲間たちが日々日本のスポーツ界のために尽力しています。その現状を見ると、育成年代のスポーツ環境も、徐々にではありますが、整備されているように感じます。今後もこれまでの歩みと同様に、日本の環境に合った方法で、日本らしく発展し続けることで、さらに進化することでしょう。その中で大切なことは、グローバルな視点を持ちながら、世界に通ずる〝Japan〟にこだわりを持ち続けることだと思っています。

本書は、私が２０１１年よりコンディショニングコーチとしてサポートしている國學院久我山高校サッカー部におけるフィジカルトレーニングの取り組みを紹介したものです。

高校生年代におけるフィジカルトレーニングは、本書で紹介している通りである必要はありません。世の中にある、あるいは今後生み出されるトレーニングプログラムに無意味なものもありません。しかし、意図のないトレーニング計画の下では、そのプログラムは逆効果となり、残念なことに、そのフィジカルトレーニングは意味のないものとなってしまいます。どんなトレーニングプログラムにも、必ずメリットとデメリットがあります。しっかり計画されたトレーニングプログラムこそ、トレーニングプログラムのメリットを最大化し、デメリットをコントロールすることができます。

私は、フィジカルトレーニングの目的は身体を強化することだけではなく、サッカーの楽しみをより〝広く〟より〝深く〟することだと考えています。まだまだ日本スポーツ界において専門的なフィジカルトレーニング指導を受けることは一般的ではありません。しかし近い将来、すべてのアスリートが当たり前のように専門的なフィジカルトレーニングの指導を受けられる時代がくることを強く願っています。

CONTENTS

PART 2 アクティブストレッチ編 043

本書で使用する専門用語

- 足底部（そくていぶ）＝足の裏
- 母趾球（ぼしきゅう）＝足の裏の親指の付け根にあるふくらみ
- 足趾（そくし）＝足の指
- 足部（そくぶ）＝足全体
- 足関節（あしかんせつ）＝足首の関節
- 下腿（かたい）＝膝と足首との間の部分
- 下腿三頭筋（かたいさんとうきん）＝下腿の筋肉の総称で、ふくらはぎの一部の筋肉

PART 4 —コア スタビリティ トレーニング編— 119

本書で使用する専門用語

- 大腿四頭筋（だいたいしとうきん）＝下肢の筋肉のひとつで、大腿筋（大腿骨につながる筋肉）のうち大腿骨を挟んで四方にある筋肉の総称
- 臀部（でんぶ）＝お尻部分
- 腹斜筋（ふくしゃきん）＝腹筋部分
- 側腹部（そくふくぶ）＝わき腹部分
- 広背筋（こうはいきん）＝背部の筋肉の棘腕筋のうち、下方に三角形をなす筋肉

CONTENTS

本書で使用する専門用語

- 胸椎（きょうつい）＝脊椎の一部で、頸椎と腰椎との間の部分
- 肩甲骨（けんこうこつ）＝肩帯を構成する骨のひとつ
- 背屈（はいくつ）＝手首や足首の関節を手足の甲の方向に反らせること
- 底屈（ていくつ）＝足首の関節を足の裏の方向に折り曲げること
- 筋群（きんぐん）＝筋繊維の束
- 側臥位（そくがい）＝横向きで寝た状態
- 腹臥位（ふくがい）＝うつ伏せの状態

イントロダクション

サッカーに必要な体力特性と筋力

本書で紹介するトレーニングを実行する前に、サッカーというスポーツで必要とされる体力特性と筋力についてしっかり理解をしておこう

サッカーで求められる体力特性

本書で紹介するトレーニングを行う前提として、サッカーに必要とされる体力がどのようなものであるかを理解しておく必要があります。一般的に、各スポーツに求められる体力向上を目的としたトレーニングを行うときは、フィールドサイズ、プレーヤー数、試合時間、攻守のスタイルといった要素からそのスポーツの体力特性が決まります。従って、ここでは、改めてサッカーの競技特性から確認します。

まずサッカーは、両チーム合わせて22人のプレーヤーが縦１０５ｍ（最少90ｍ〜最大１２０ｍ）×横68ｍ（最少45ｍ

図1;**試合中の移動速度の割合**

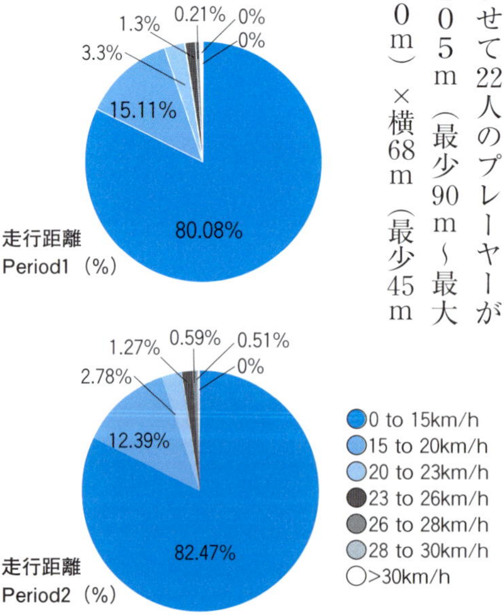

	プレイ時間（分）	走行距離（km）	加速（回）	減速（回）	スプリント（回）	スプリント距離（km）	最大速度（km/h）	平均速度（km/h）
Period1	0:47:00	5.80	13	16	9	87	27.15	7.40
Period2	0:48:00	6.07	8	11	8	142	28.86	7.46
TOTAL	1:35	11.88	21	27	17	229		

①走行距離の速度別の割合を円グラフで示してあります
②period1&2の各データを表で示してあります
※スプリント=時速23km以上

〜最大90ｍ）という大きなフィールドの中で、急激な加速や減速、方向転換、ジャンプ、シュートなど、素早い動作とゆっくりとした動作を約90分間繰り返す、とても運動強度の高いインターミッテント（間欠的）なスポーツです（延長戦を含めた場合は約120分）。

図1は、ある選手の試合中の移動速度の割合をグラフ化したもので、その選手が試合中に約11kmという距離をさまざまな速度で移動を繰り返していることがわかります。試合中の走行速度を低強度（0〜15km／h）と中〜高強度（15km／h〜）に分類すると、その比率は約8：2となり、走行距離の比率は5：2、時間の比率は7：1となります。

また、試合全体の平均的な運動強度は最大酸素摂取量（注1）の70〜75％に相当するとされており（※1）、試合中はさまざまな強度の動きをランダムに繰り返し、スプリントは90秒に1回、方向変換は50回以上、運動強度は約5秒に1度、回数にして1300回以上変化すると言われています（※2）。

エネルギー消費の観点から見ると、同じ速度でもエネルギー消費は運動様式によって異なります。さまざまなステップやドリブルは、同じ速度でも通常のランニングよりも運動強度が高くなり、エネルギー消費がより多くなります（※3）。

このように、サッカーというスポーツは体力面での要求が非常に高いスポーツであることは間違いありません。

これに対して、たとえばフィ

図2;**試合中の選手の心拍数の変動**

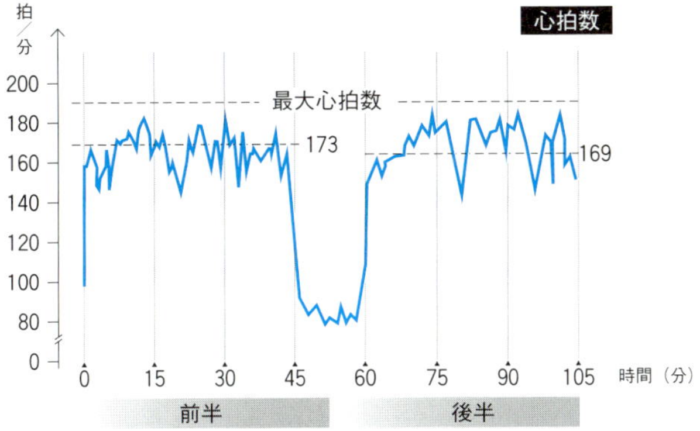

試合中における選手の心拍数の変化。選手の最大心拍数と、前後半それぞれの平均心拍数も合わせて示す

ヤン・バングスボ＝ゲーム形式で鍛えるサッカーの体力トレーニング(大修館書店) P15より引用

ールドサイズや試合時間がサッカーと似ているラグビーの場合、両チームのプレーヤー数が計30人で、一定の休息（インターバル）を挟みながら攻守が切り替わる競技特性があるため、試合全体の走行距離はサッカーよりも短くなります。ただし、ラグビーではひとつひとつのプレーで求められるパワーが大きく、激しいボディコンタクトも要求されるため、運動強度はサッカー以上のレベルになります。

　それぞれのスポーツにはそれぞれの特徴があり、それによってプレーヤーに求められる体力特性も変わってきます。また、ここで紹介した一般的なデータとは異なり、年齢や性別、競技レベル、ポジション、チーム戦術、またその中における役割によっても、求められる体力特性は変化します。そのことも理解したうえで、自分に合った体力トレーニングを行うことが重要になります。

サッカーで求められる筋力

　効果的に筋力強化を行うには、その競技でどのような技術や動きの中で発揮される筋力が求められているが、とても重要になってきます。

　たとえば、同じような体力特性を持つスポーツでも、その動作が異なれば、エネルギーを発揮するときに利用される筋力に違いが出てきますし、動作が類似していても、そのスポーツによってよりスピードを要求される場合や力強さを要求される場合があるため、当然ながらそこで発揮される筋力にも違いが出てきます。

　サッカーの場合、ボールを自在に扱う技術、ボールを蹴る技術がとても大切になりますが、それだけでなく、試合中にはボールを扱わない局面もあり、加速、減速、ターン（方向転換）といったアジリティ（敏しょう性）、ジャンプ、相手プレーヤーとの激しいコンタクトプレーなども要求されます。

　左ページで紹介するのは、サッカーの特徴的な動作とその中で求められる筋力です。プレーヤーは、1試合を通してそれらを発揮し続ける筋力が要求されるということを理解したうえで、自分に適した筋力トレーニングを行う必要があります。

キック技術

キックする（ボールを蹴る）技術では、特に力強いシュートをするために、股関節の可動性、体幹部の安定性、軸脚の強い筋力が求められます

ボールコントロール

ボールコントロールでは、片脚で、空中で、あるいは走っている最中に相手プレーヤーとコンタクトしながらバランスを保ち、ボールを正確にコントロールする必要があります。そこで重要になるのがボディバランスで、そのためには関節可動性だけでなく、それらを支える股関節周囲、肩甲骨周囲の筋力が求められます

コンタクトプレー

コンタクトプレーの優劣を決めるのは、体格の大きさや身体の質量だけではなく、身体の軸が安定し、正しい荷重動作で行われているかが重要になります。コアをベースとした姿勢を維持する背筋群などの体幹の筋力や正しい荷重動作を支える下肢の筋力などが求められます

アジリティ（敏しょう性）

アジリティの定義は難しいのですが、ここではプレー中の方向変換動作での速度要求の高い状態と定義しています。効率的な重心移動、それにともなう正確なフットワーク能力をベースとした加速、減速でのコアをベースとした上半身の安定性、下肢の筋力（ブレーキ）、爆発的な筋力発揮などが求められます

（注1）最大酸素摂取量とは、単位時間あたりに酸素を取り込む最大値のことで、この値が大きいほど持久力が優れていると評価されます

（※1）参考文献；Bangsbo,J.,Mohr,M.,Krustrup,P.,2006,Physical and metabolic demands of training and match-play in the elite football player.J. sports Sci.24(7):665-674

（※2）参考文献；Vigne,G.,Gaudino,C.,Rogowski,I.,Alloatti,G.,Hautier,C.,2010,Activity profile in elite Italian soccer team.Int J sports Med,31:304-310.

（※3）参考文献；Reilly T.,1997,Energetics of high intensity exercise(soccer) with particular reference to fatigue.Journal of sports Sciences,15,257-263.

トレーニング戦略

ここでは、実際に國學院久我山高校サッカー部がどのような戦略を持ちながらフィジカルトレーニングのプログラムを作成、実行しているかを紹介する

『予防プログラム』が持つ重要性

私たちは、競技パフォーマンスを前提として、フィジカルトレーニングをプログラムしています。國學院久我山高校サッカー部におけるフィジカルトレーニング戦略は、『予防プログラム』、『競技力向上プログラム』、『リカバリープログラム』という3つの領域から成り立っています。ただし、これら3つのプログラムは独立したものではなく、プログラム全体としてお互いが影響し合う関係にあります。

フィジカルトレーニングをチームに導入するにあたって最初に考えるべきことは、所属選手のパフォーマンス向上よりも、所属選手のコンディションをコントロールすることです。選手にとって最悪のコンディション不良の状態とは、怪我をしてしまうことですので、まずフィジカルトレーニングの中で取り組むべき最優先事項は、スポーツ傷害を予防することになります。サッカー選手に多い傷害としては、足関節、膝関節の靭帯損傷、股関節周囲や腰部の慢性的な障害などが挙げられます。『予防

図1;**トレーニング戦略における3つの領域**

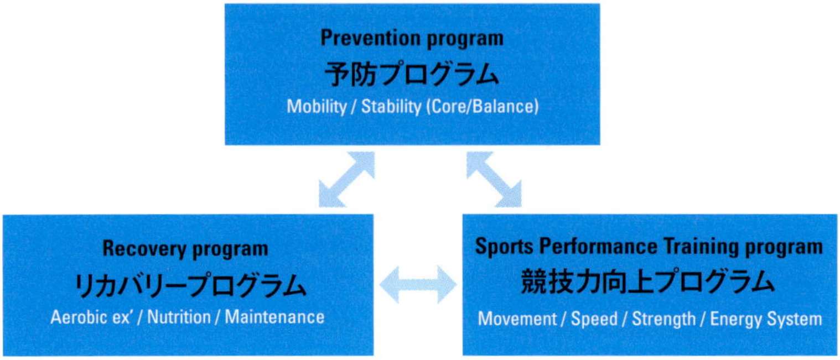

プログラム』は、これらのスポーツ傷害ひとつひとつに対して取り組むプログラムではなく、スポーツ傷害発生のリスクを最小限に抑えることを目的としたプログラムであることを理解しておいて下さい。

筋の柔軟性、各関節の可動性、安定性の低下は、傷害発生のリスクを高めます。たとえば、股関節の可動性が低下している選手が、プレー中に相手のボディコンタクトを受けてバランスを崩してしまうケースがあります。バランスを保つためには、股関節で不足している可動性を隣接するセグメントである腰部（腰椎から骨盤帯）や大腿部から膝関節で補うことになりますが、それらの部位により大きな力が加わることによって、傷害発生のリスクは高くなってしまいます。

それをできるだけ回避するために、関節の正常な可動性を維持し、安定性を向上させることによって人間本来の身体機能の維持を目的とした『予防プログラム』が存在します。また、『予防プログラム』は〝ケガの予防〟につながると同時に、競技パフォーマンス向上のためのフィジカルトレーニングの土台にもなるのです。

『競技力向上プログラム』と『リカバリープログラム』

競技パフォーマンスの向上を目的としたフィジカルトレーニングである『競技力向上プログラム』は、『予防プログラム』を土台としてプログラムされます。『競技力向上プログラム』は、①ストレングス（筋力）ト

プレー中に相手のボディコンタクトを受けてもバランスを崩さないために、股関節で不足している可動性を腰部（腰椎～骨盤帯）や大腿部、膝関節で補う

レーニング、②スピードトレーニング、③エネルギーシステム（持久力）トレーニング、④競技動作のトレーニング、という4種類のトレーニングによって成り立っていますが、これらのプログラムも決して独立したものではありません。

筋力が強化されることによってスピードに影響を与え、スピードが向上することでエネルギーシステム（持久力）も高い要求を受け、競技動作もスピードが向上することでパフォーマンスへとつながります。ひとつひとつのプログラムはそれぞれ要素別に成り立っていますが、プログラム全体としてはお互いに影響し合っています。

そして、フィジカルトレーニングを導入するうえで最も大切なことは、それが計画的なトレーニングスケジュールによって実行されることです。試合や高強度の練習後、適切にリカバリー（回復）する時間を設けなければ、パフォーマンスの低下だけでなく、傷害発生のリスクも高まってしまうからです。

試合や高強度のトレーニングが3日も続いてしまうと、いくら適切な『予防プログラム』に取り組んだとしても、身体機能を維持させることは困難になります。つまり、計画的に休息を設けることも広義の意味でひとつのフィジカルトレーニングだと考えられ、極端な表現をすれば、オフの日にトレーニングをすることは本来練習日に行うべきトレーニングを〝サボる〟のと同じことになってしまいます。

國學院久我山高校サッカー部では、リカバリーが促進される

『予防プログラム』のひとつであるコアスタビリティは、ケガの予防につながると同時に、競技パフォーマンス向上のフィジカルトレーニングの土台にもなる

ように、試合や高負荷のトレーニングから48時間を目安として、以下5つに分類した『リカバリープログラム』を実行しています。①Aerobic excise（有酸素運動）、②Nutrition Ⅰ（直後の栄養補給）、③Body maintenance（ストレッチなど）、④Hydrotherapy（アイスバス、交代浴など）、⑤Nutrition Ⅱ（当日の食事）。

これらの要素に加えて、睡眠と水分補給について選手にアドバイスをして取り組ませています。

リカバリーで最も大切なことは、トレーニング計画です。チームの試合や練習スケジュールに目を向けて、適切なトレーニングサイクルを作ることが最も重要であることを覚えておいて下さい。

育成年代におけるトレーニング

育成（中学、高校生）年代は、身体の発育、発達段階にあります。成長期とは、医学的には骨端線が残っている時期を指し、男性の場合は17歳〜18歳くらいまでが一般的とされています。その中でも、ＰＨＡ（age of peak height velocity：身長最大発育量年齢）と言って、最も身長が大きく伸びる時期があります（Ｐ18図２）。ＰＨＡの平均は男子で13歳前後と考えられていますが、とても個人差が大きいのが特徴です。

また、ＰＨＡ以降は、速筋線維の発達に伴って体重に対する筋量が大きく増加し、筋力が発達します（Ｐ18図３）。この時期には乳酸が生成されて短

ストレングス（筋力）トレーニングは、スピードトレーニング、エネルギーシステム（持久力）トレーニング、競技動作トレーニングと相互に影響し合っている

時間で疲労するような筋に対して、大きなストレスがかかる筋力トレーニングを段階的に導入していきます。

ただし、骨、軟骨は成人よりも脆弱であるため、筋力に見合わない重量を扱うことには注意が必要です。育成年代では、正しいフォームで高重量を扱えるよう段階的に負荷を増加させていくことが大切になります。

筋力トレーニングだけでなく、育成年代のフィジカルトレーニングでは、年齢や学年と言った基準ではなく、身体の発育、発達の段階に応じたトレーニングプログラムを、専門家の指導の下で、時間をかけて取り組むことになります。

ユース（高校）年代は発育、発達の最終段階と考えられ、上のカテゴリーを目指す選手は「近い将来、どのようなタイプの選手になるか」ということを予測しながら、必要なトレーニングを積むことも重要になります。

たとえば、國學院久我山高校サッカー部には小柄な選手も多くいますが、高校3年生時に身長160㎝だった選手が、大学に進学してから身長180㎝に伸びることは、まずありえません。小柄な選手としてしっかり筋力を強化していく中で、どのようにパフォーマンスに結びつけるのかを考え、小柄であるからこそ細かい動作の精度を上げていく必要があります。いかにスムーズに身体を操れるようにするか、いかにスピードのロスを少なくするかなど、選手個々の身体特性を理解したうえで、トレーニングに取り組むことが大切になります。

図2;**PHA(age of peak height velocity: 身長最大発育量年齢**

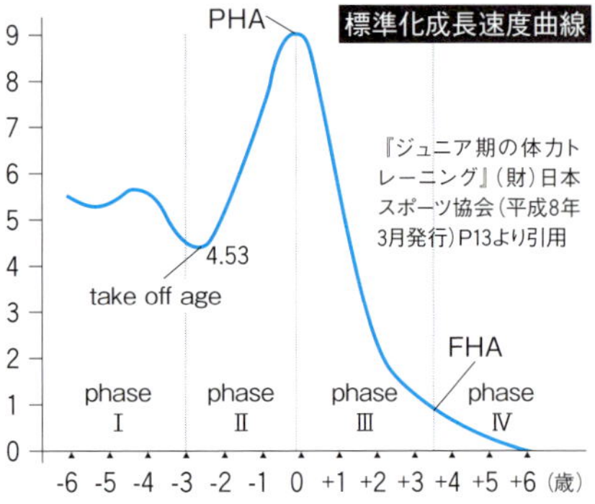

『ジュニア期の体力トレーニング』（財）日本スポーツ協会（平成8年3月発行）P13より引用

図3;**各年齢の女子と男子における全身の筋肉量**

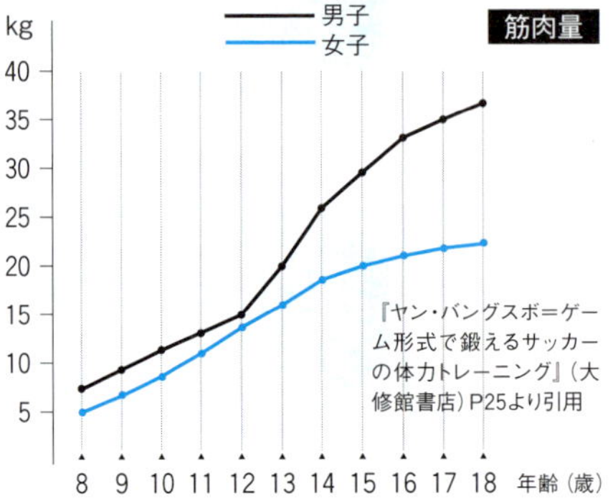

各年齢の女子と男子における全身の筋肉量。思春期までは増加傾向に男女差はないが、思春期以降、男子の筋肉量の増加が著しくなる一方、女子はわずかな変化しか見られない

PART 1

Stretch

ストレッチ編

01 ペアストレッチ SLR（エス・エル・アール）

Pair Stretch / Straight Leg Raise

ハムストリングの柔軟性を改善させるためのペアストレッチ

1 ストレッチする選手が仰向けに寝て、サポート選手が脇に立つ

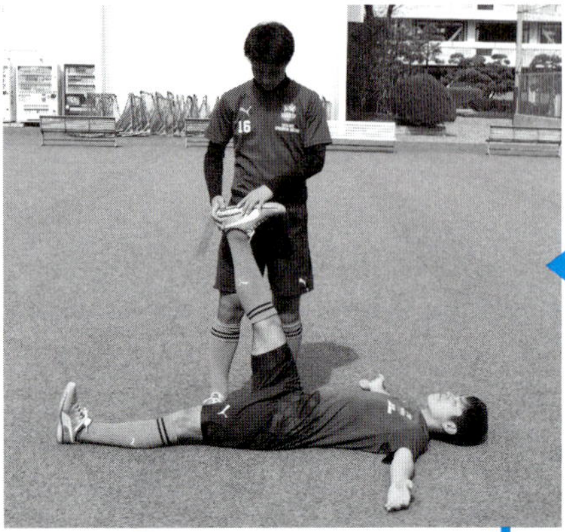

2 サポート選手がかかとと足底部を持つ

3 サポート選手は自分の膝を使って相手の膝が曲がらないように抑える

How to

方法とポイントの解説

サポート選手がストレッチする選手の上げた脚のかかとと足底部を両手で持ち、足関節を足の甲の方向に背屈させることでハムストリングの柔軟性を改善する。ストレッチを行う際は、反対側の脚の膝を伸ばし、胸を張って腰が潰れないようにして行うことがポイントになる。

時間・回数の目安

➔左右各20～30秒×1～2回

4 足底部に添えた手を下に押すようにして、足関節を背屈させる

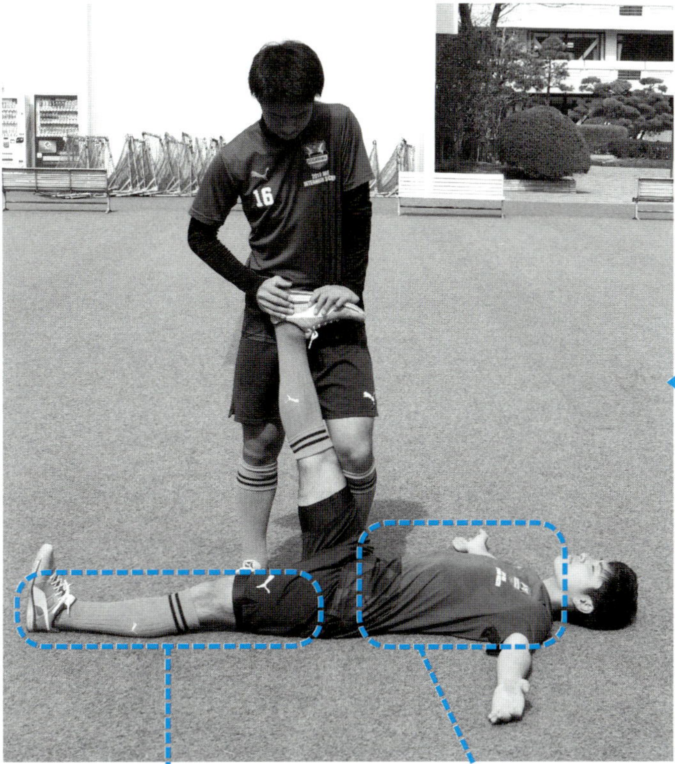

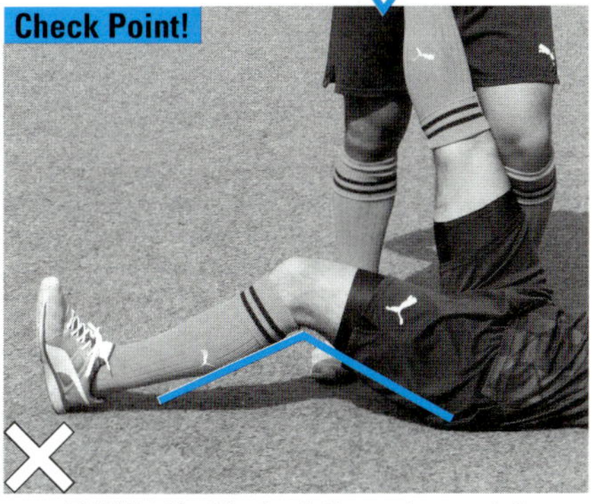

反対側の膝が曲がったり、ストレッチする側の臀部が浮かないように注意する

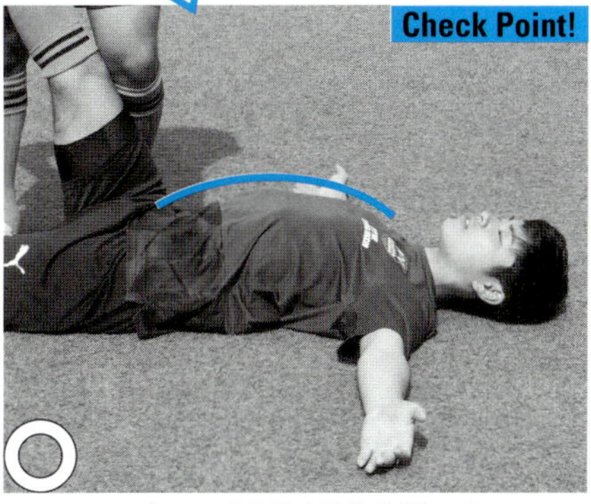

ストレッチの最中は胸を張って、腰が潰れないように行う

02 ペアストレッチ 開脚A

Pair Stretch / Legs Astride A

内転筋群の柔軟性を改善させるためのペアストレッチ

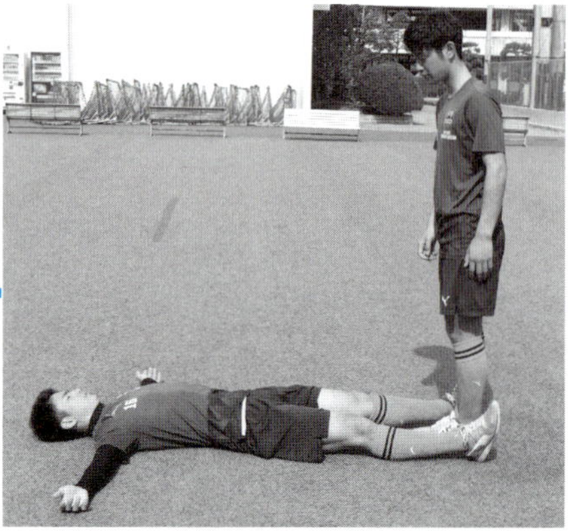

1 ストレッチする選手が仰向けに寝て、サポート選手が両脚の間に立つ

2 ストレッチする選手が両脚を開きながら持ち上げる

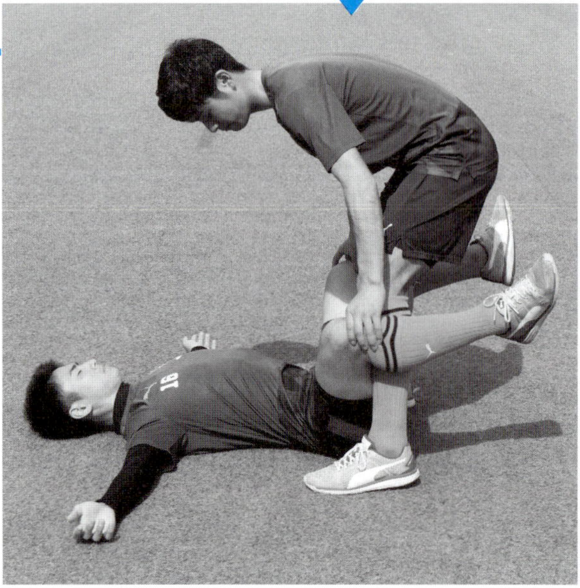

3 サポート選手の脚に膝の裏をかけ、膝に手を当ててもらう

How to

方法とポイントの解説

仰向けの状態でサポート選手の脚に両膝の裏側をかけ、膝を手で押してもらうことで内転筋群の柔軟性を改善させる。手で押してもらう際に両膝を外側に開くようにストレッチすることと、胸を張って腰が潰れないようにすることが、このエクササイズのポイントになる。

時間・回数の目安

➔20～30秒×1～2回

Different Angle 正面からのアングル

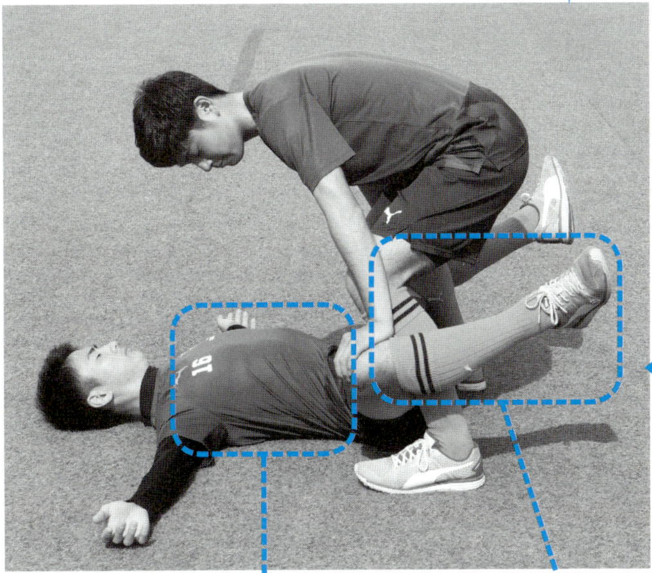

4

サポート選手に両方の膝を軽く押してもらい、脚を外側に開くようにする

Check Point!

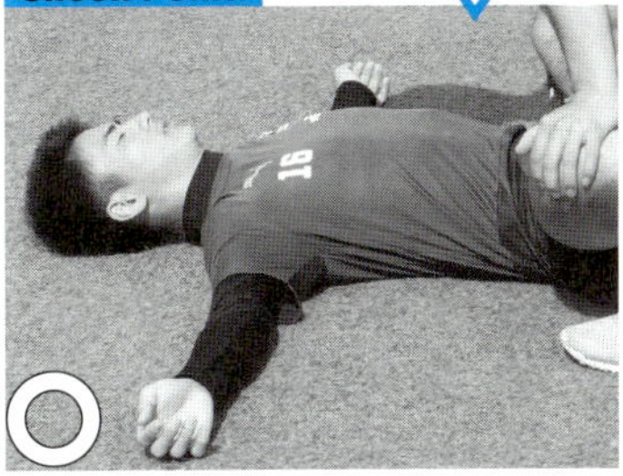

胸を張って腰が潰れないようにして行う

Check Point!

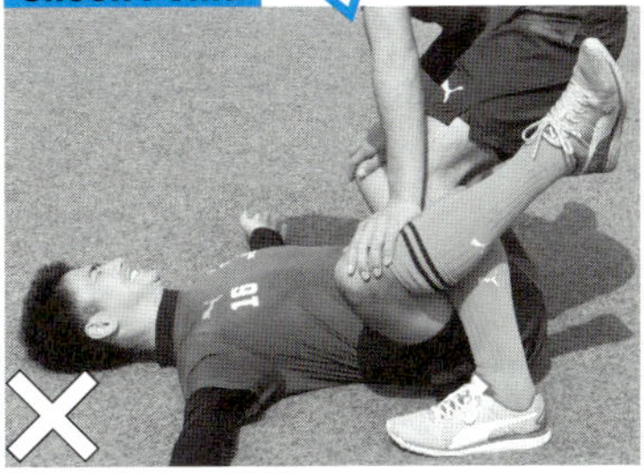

つま先を真っ直ぐにしない（つま先と膝を外側に向けた状態でストレッチする）

03 ペアストレッチ 開脚B

Pair Stretch / Legs Astride B

2人が交互に内転筋群の柔軟性を改善させるためのペアストレッチ

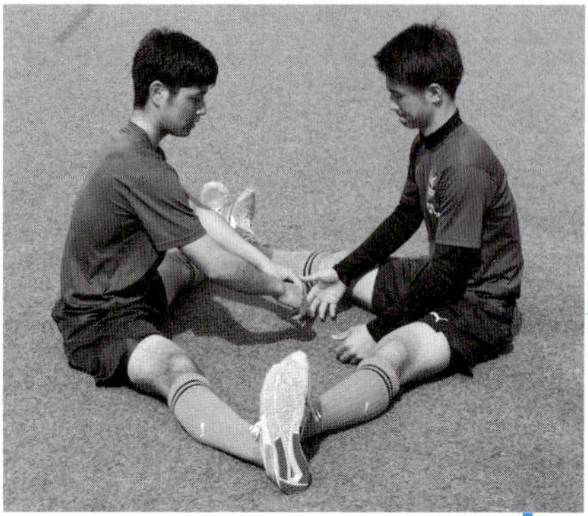

1 両脚を開いてお互いが向き合い、ストレッチする選手の脚が閉じないようにする

Different Angle 正面からのアングル

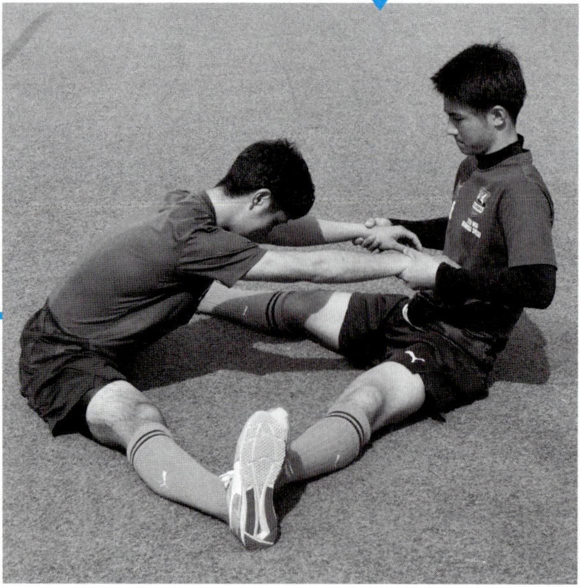

2 サポート選手は両手を手前に引っ張り、相手の内転筋を伸ばしてあげる

How to

方法とポイントの解説

お互いが向かい合って座り、サポート選手が相手の手を手前に引っ張ってあげることによって、相手の内転筋群の柔軟性を改善させる。ストレッチの際、足のつま先を内側や外側に向けず、真っ直ぐに向けて行うことがポイントになる。また、背中を丸めて行わないように注意する。

時間・回数の目安

➔20～30秒×1～2回

3
内転筋を伸ばす際、ストレッチする選手は背中を丸めないようにする

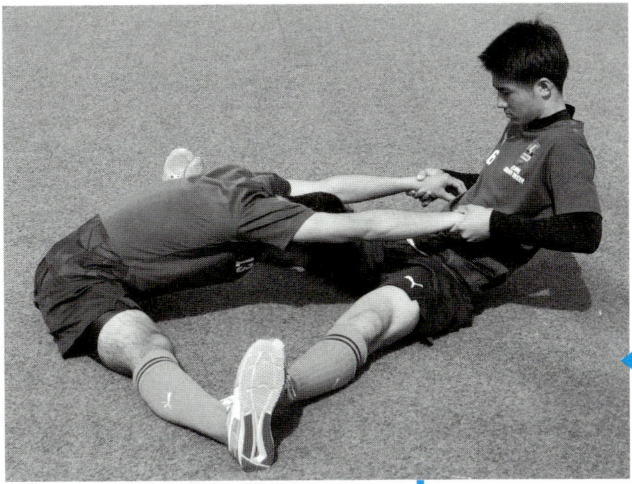

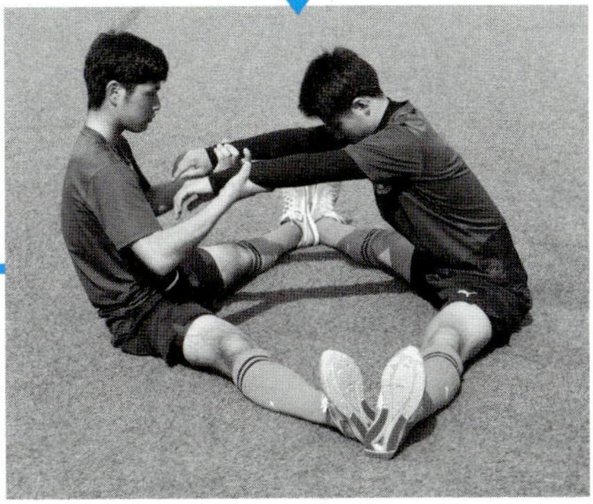

4 20〜30秒行ったら身体を元の位置に戻し、サポート役を入れ替えて同じように行う

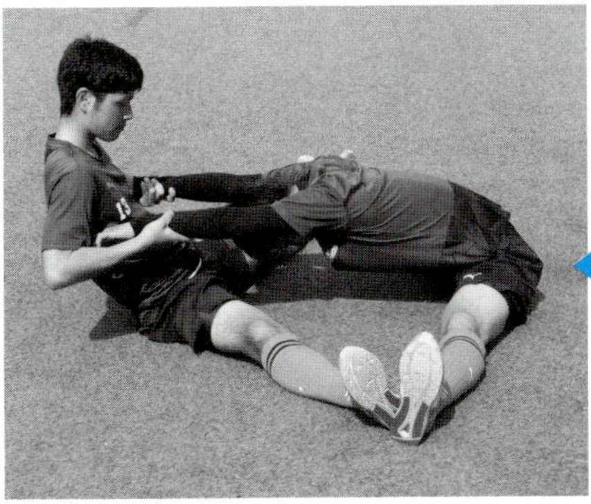

5 同じようにして20〜30秒ストレッチを行う

Check Point!

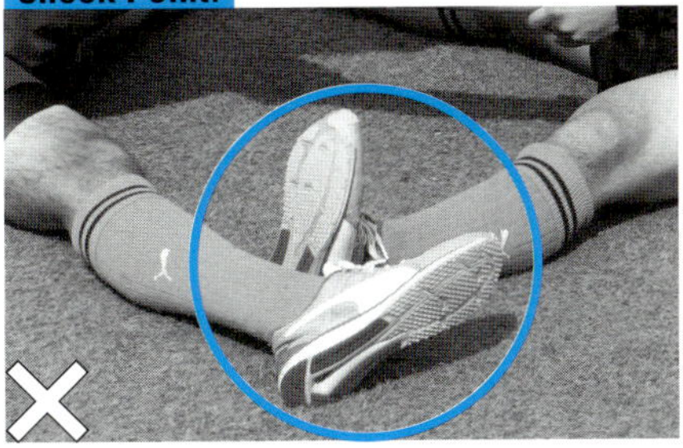

両方のつま先を内側や外側に向けて行わないように注意する

Check Point!

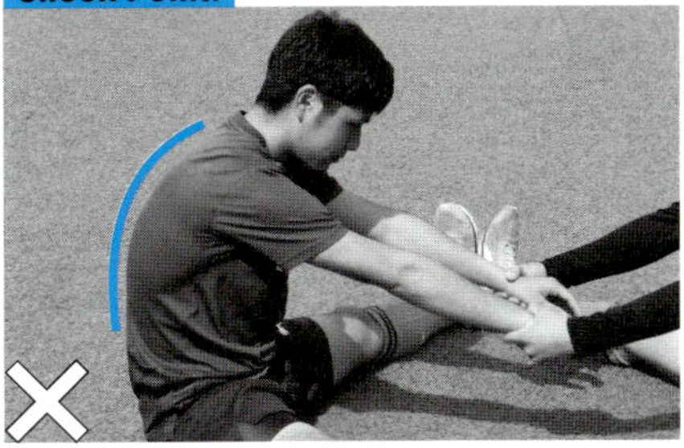

前傾姿勢になって内転筋を伸ばす際、背中を丸めて行わないこと

04 ペアストレッチ ウイング ストレッチ

Pair Stretch / Wing Stretch

肩関節周囲筋の柔軟性を改善させるためのペアストレッチ

How to

方法とポイントの解説

仰向けになって両腕を真っ直ぐ伸ばし、サポート選手に両肘が曲がらないように外側から膝で押さえてもらいながら肩甲骨（脇の下周辺）を手で押してもらうことで、肩関節周囲筋の柔軟性を改善させる。曲げず、しっかり両腕を伸ばした状態でストレッチすることがポイントになる。

時間・回数の目安

➔20～30秒×1～2回

1

ストレッチする選手が両膝を曲げて仰向けになり、両腕を真っ直ぐ伸ばす

2

ストレッチする選手が正しい姿勢をとったらサポート選手がサポート体勢に移る

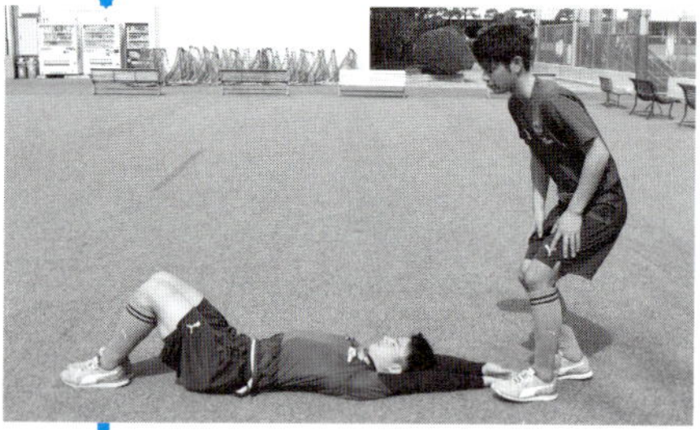

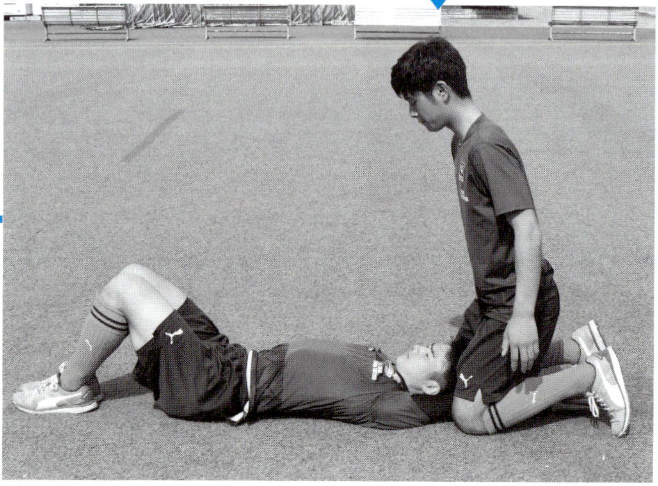

3

サポート選手は、相手の肘が曲がらないように外側から膝で押さえる

4 サポート選手は、相手の肩甲骨（脇の下周辺）を上から手で押し、肩甲骨周囲の筋肉をストレッチする

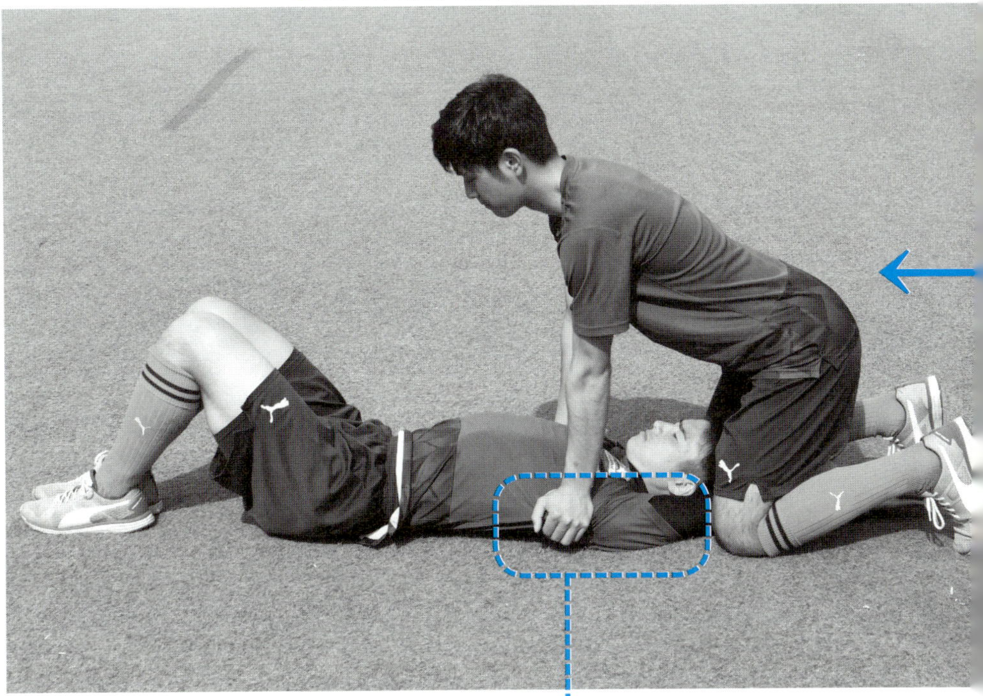

Check Point!

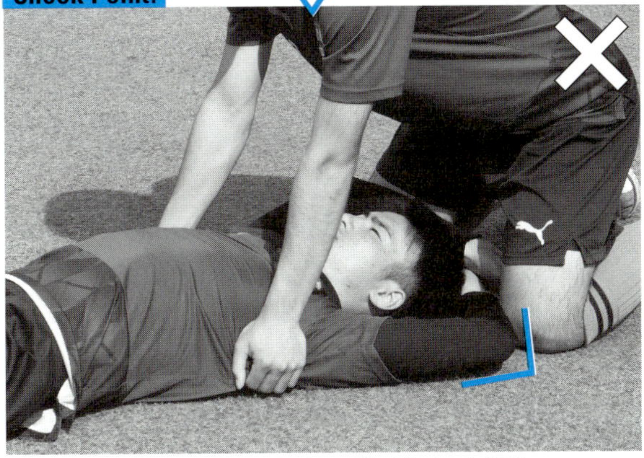

ストレッチする選手の両腕が曲がった状態で行わない（両腕を伸ばして行う）

05 ペアストレッチ ウイング トランク ローテーション

Pair Stretch / Wing Trunk Rotation

肩関節周囲筋の柔軟性を改善させるための「ウイング ストレッチ」の応用エクササイズ

How to

方法とポイントの解説

前ページで紹介した「ウイング ストレッチ」と同じ姿勢をとり、サポート選手に肩甲骨を押してもらいながら、両脚を直角に曲げたまま身体を左右に揺らして肩関節周囲筋の柔軟性を改善させる。腹筋を鍛えながら肩関節周囲筋の柔軟性を改善させる応用エクササイズにもトライする（P29）。

時間・回数の目安

➔3秒×左右交互10回

1

ウイングストレッチと同じ姿勢のまま、膝を左側へ倒して3秒間キープする

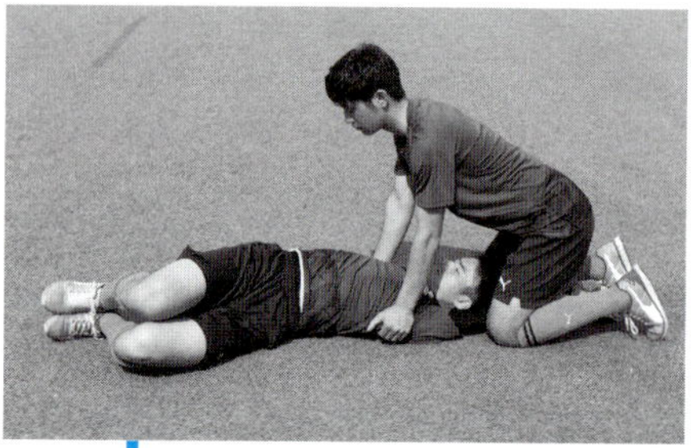

2

同じ姿勢をキープしながら、反対側（右）も同様に行う

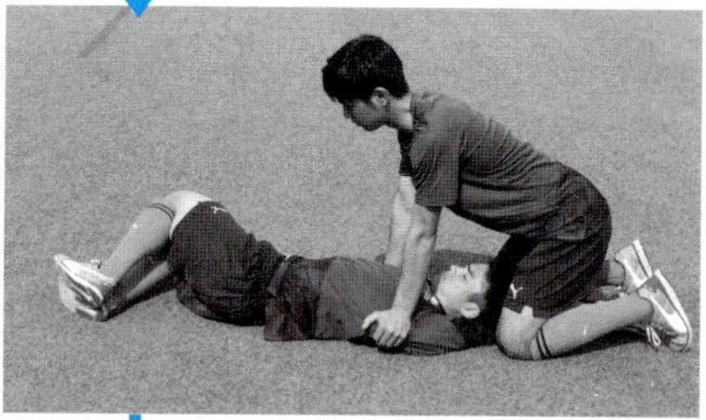

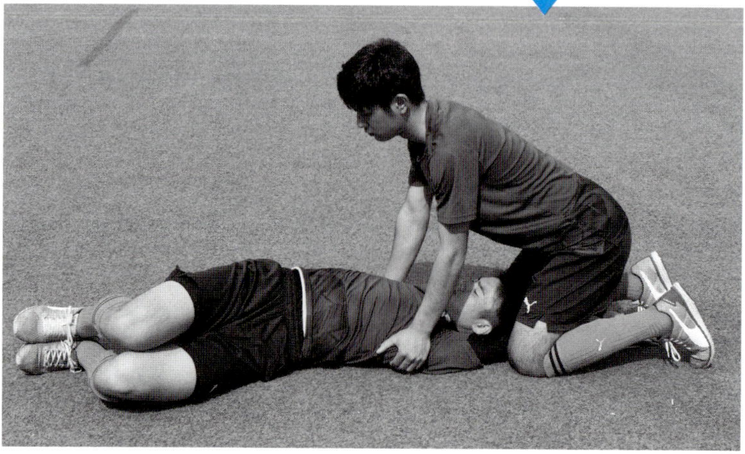

3

この運動を左右交互に10回繰り返す。その際、両腕は真っ直ぐ伸ばしたまま行うこと

Additional Menu ●応用エクササイズ

1

曲げていた両方の脚を持ち上げ、脚を直角に曲げた状態にする

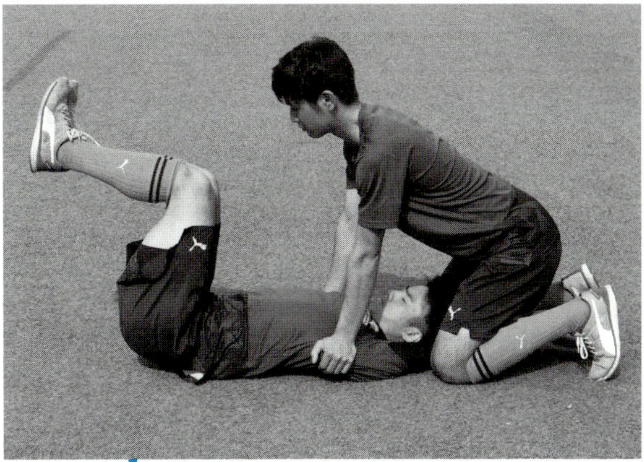

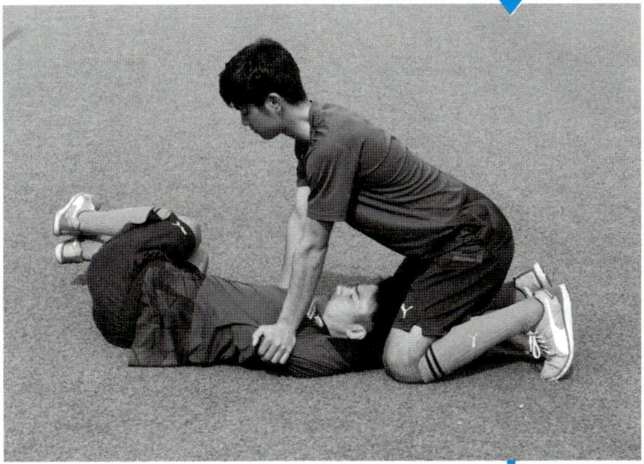

2

脚を直角に曲げた状態のまま身体を右側へ倒し、3秒間キープする。その際、足が地面につかないようにする

3

反対側（左）も同様に行い、左右交互に10回繰り返す

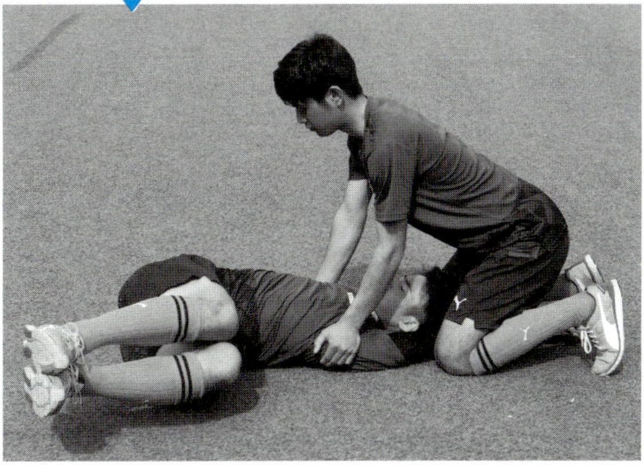

06 ペアストレッチ ラテラル フレクション

Pair Stretch / Lateral Flexion

広背筋と側腹部の筋群の柔軟性を改善させるためのペアストレッチ

1 左の膝を曲げ、右の脚を伸ばした状態で座り、右手を左膝に置く

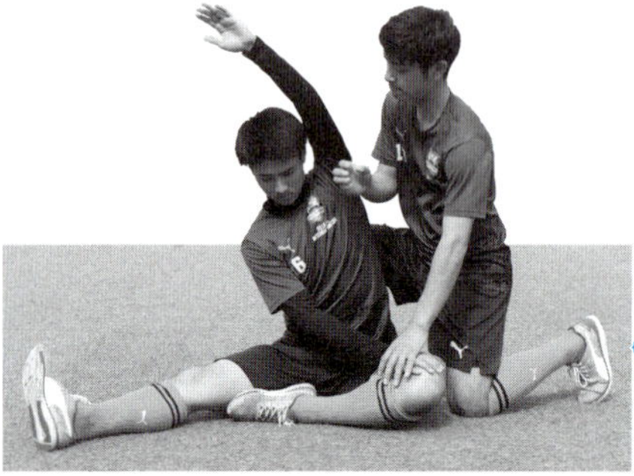

2 サポート選手は片膝立ちの姿勢で、片方の手で膝の上の手を押さえる

3 サポート選手は、もう片方の手で伸ばした腕の手首をつかむ

How to

方法とポイントの解説

　曲げた脚と同じ方の手首をサポート選手に引っ張ってもらいながら、伸ばした脚のつま先にできるだけ近づけることで、広背筋と側腹部の筋群の柔軟性を改善させる。ストレッチの際は、伸ばす方の腕を極端に曲げないようにして行うことがポイントになる。また、背中を丸めないようにする。

時間・回数の目安

**➔20～30秒×
左右各1～2回**

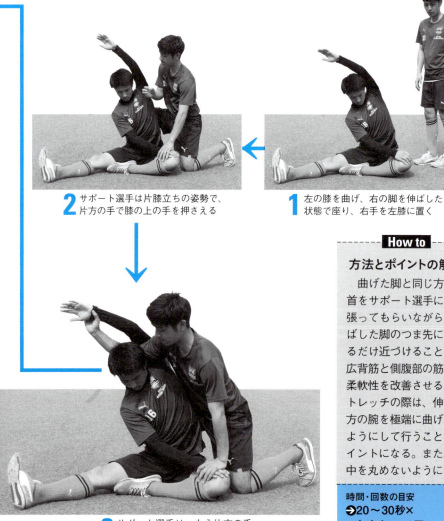

4 サポート選手は、つかんだ手首をつま先に近づけるように引っ張りながらサポートする

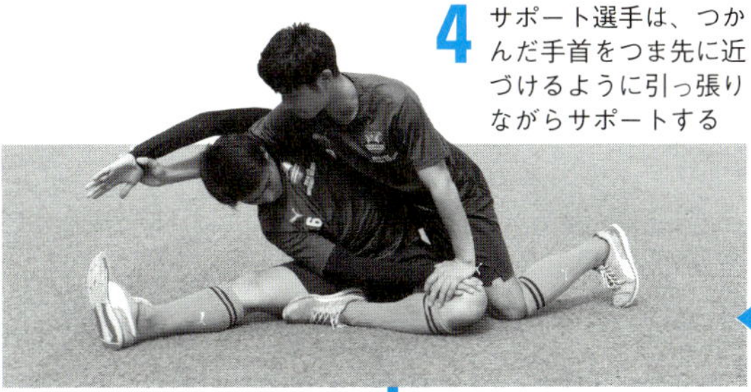

5 伸ばした手をできるだけつま先に近づけた状態にし、その姿勢を20～30秒間キープする

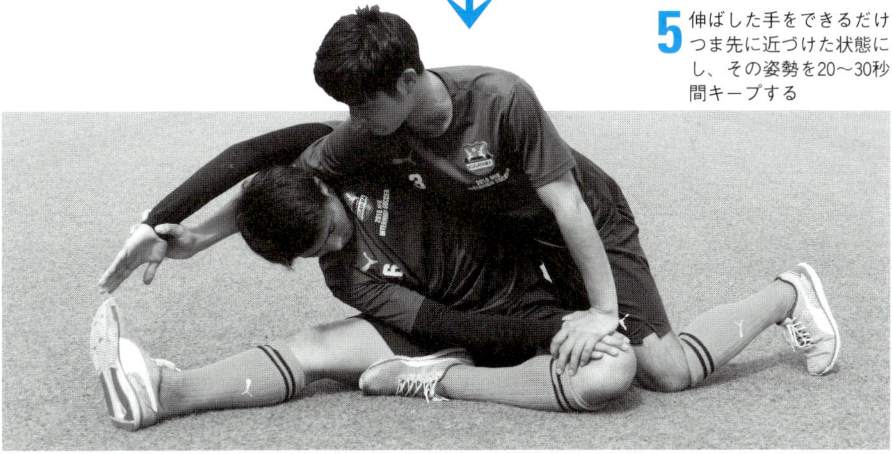

Check Point!

横から見た場合の正しい姿勢。背中を真っ直ぐに伸ばした状態でストレッチする

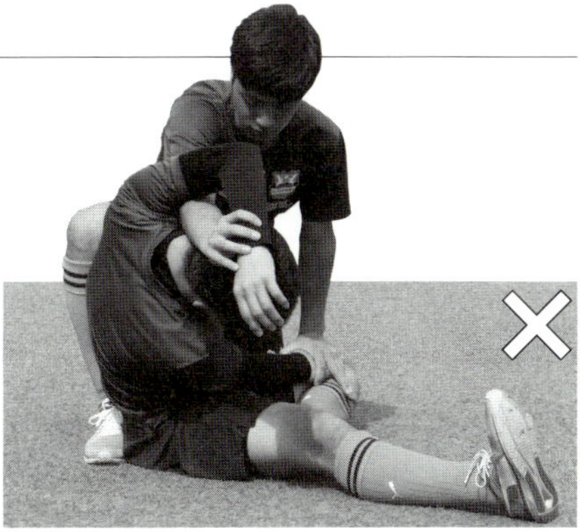

腕を曲げたり、背中を丸めて上体が後ろに倒れたりしないように注意する

07 大腿四頭筋ストレッチ

Quad Stretch

大腿四頭筋の柔軟性を改善させるためのストレッチ

How to

方法とポイントの解説

適当な高さの台に乗せた脚を曲げ、曲げた脚と同じ側の手で足をつかみ、できるだけ膝を曲げることで大腿四頭筋の柔軟性を改善させる。その際、上半身を正面に向けたまま行うことがポイントになる。台がない場合は、横向きに寝た状態や片膝を立てた状態でストレッチを行う（P33）。

時間・回数の目安

➔20～30秒×左右各1～2回

1

ストレッチする方の脚を台の上に乗せ、両腕で身体を支えながら正面を向く

2

乗せた方の脚を曲げ、同じ側の手で膝をできるだけ曲げる

3

大腿四頭筋を20～30秒間ストレッチする。左右両脚でそれぞれ行う

Additional Menu ●器具がない場合のエクササイズ

1
側臥位で上側の膝を曲げて足をつかみ、かかとを臀部につける

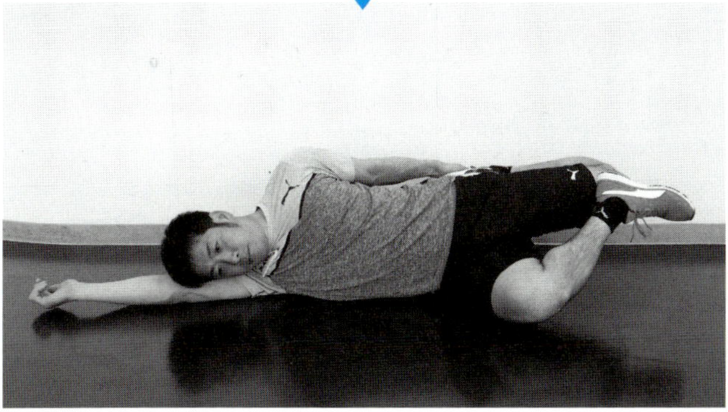

2
下側のかかとで股関節を伸展させ、大腿四頭筋を20〜30秒間ストレッチする

1 片膝立ちの状態から膝を曲げ、足を手でつかむ

2 かかとを臀部につけるように膝を曲げ、20〜30秒間ストレッチする

08 臀筋ストレッチ

Gluteus Stretch

臀筋群の柔軟性を
改善させるためのストレッチ

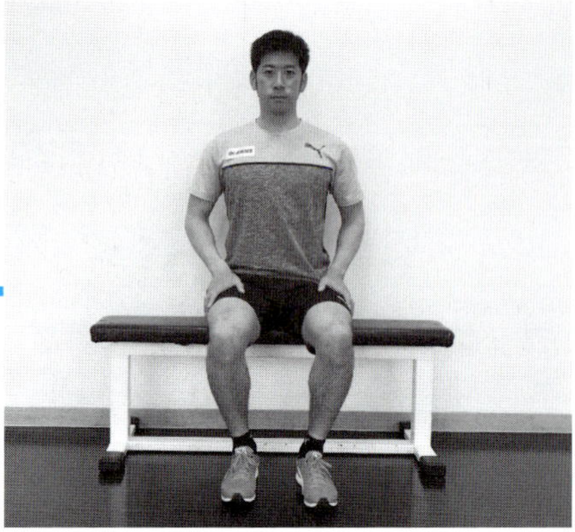

1 身長に適した高さの椅子もしくは台に、写真のような姿勢で座る

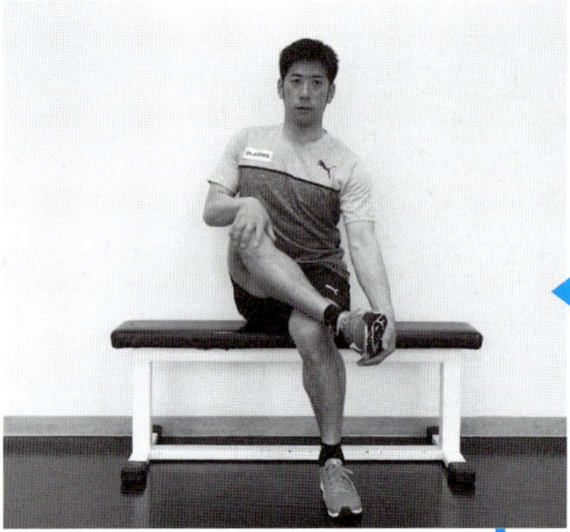

2 片方の足を反対側の大腿部にかける

3 下腿が地面と平行になるようにして、背中が丸まらないように20〜30秒間ストレッチする

How to

方法とポイントの解説

台もしくは椅子に座り、片方の足を反対側の大腿部にかけながらストレッチすることで、臀筋群の柔軟性を改善させる。背中を丸めないように、背筋を伸ばした状態で行うことが、このエクササイズのポイントになる。台を使わない場合は、地面に座った状態や、四つんばいの姿勢で行う方法もある（P35）。

時間・回数の目安
➔20〜30秒×
左右各1〜2回

Additional Menu ●器具がない場合のエクササイズ

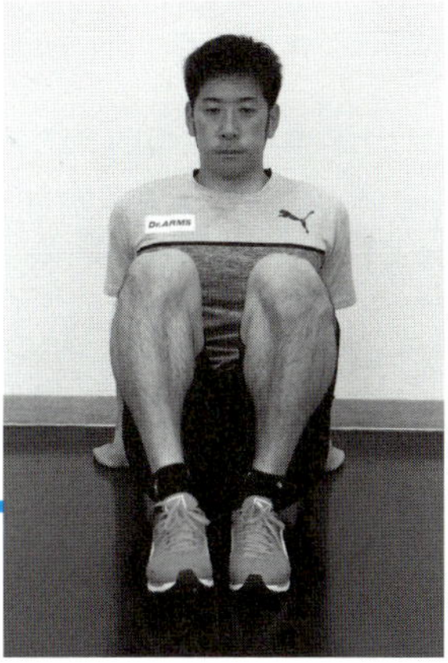

1

写真のように両膝を曲げた状態で座る

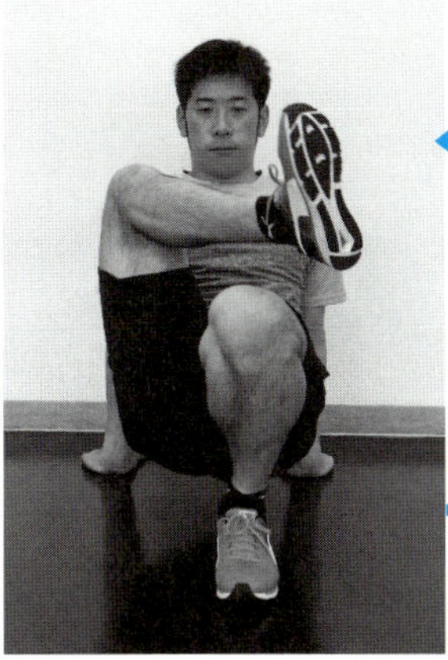

2

片方の脚を曲げて反対側の大腿部にかける

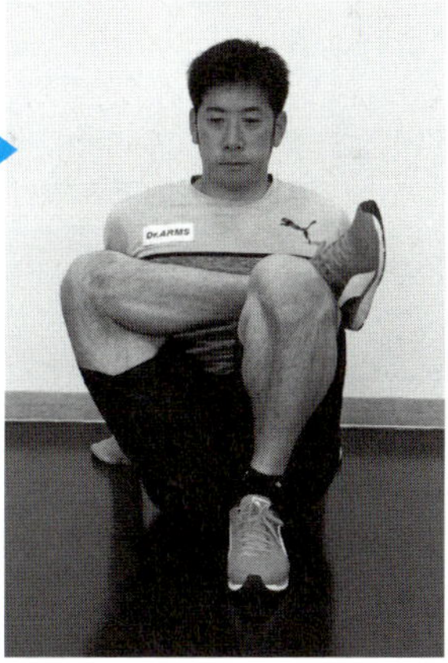

3

写真の姿勢から身体を前に倒すようにして、20〜30秒間ストレッチする

1 両手と膝を地面につけて、四つんばいの姿勢になる

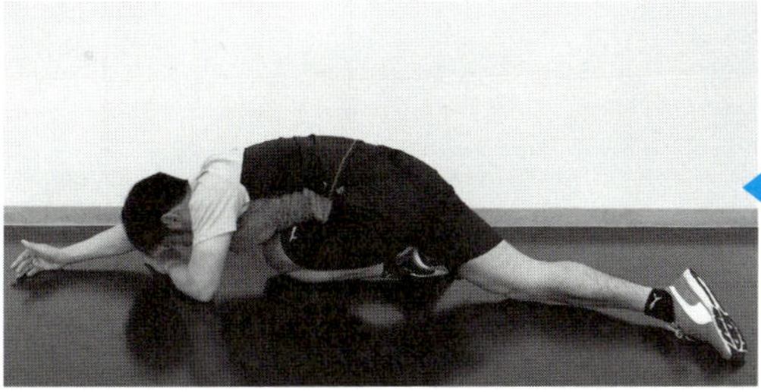

2 片方の脚を内側に折り曲げ、反対の腕と脚を伸ばして20〜30秒間ストレッチする

09 アンクル モビリティ

Ankle Mobility

足関節の可動性を改善させるためのエクササイズ

1

壁（または台）に接するように筒状のものを置く

2

母趾球の部分が筒状のものの上に乗るようにして、足趾が伸展するようにする

3

膝を前に出し、足首に角度をつけることで足関節を背屈させる

How to

方法とポイントの解説

　母趾球の部分を筒状のもの（ほどよい高さのもの）に乗せ、足関節を背屈させることによって、足関節の可動性を改善させる。このエクササイズでは、しっかりと母趾球を筒状のものに乗せて、足の指を壁（または台）につけた状態で足趾を伸展させることがポイントになる。

時間・回数の目安
➔3秒×左右各10回

4

ストレッチした状態を3秒間キープする

5

元の姿勢に戻ったら同じ動作を左右各10回繰り返す

Check Point!

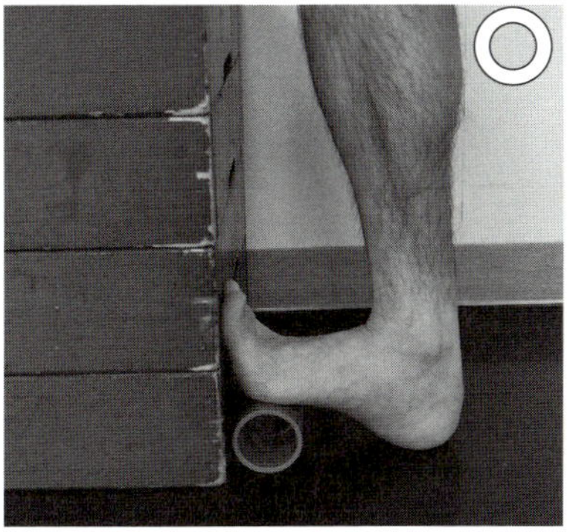

足趾が伸展するように筒状のものに母趾球を乗せる

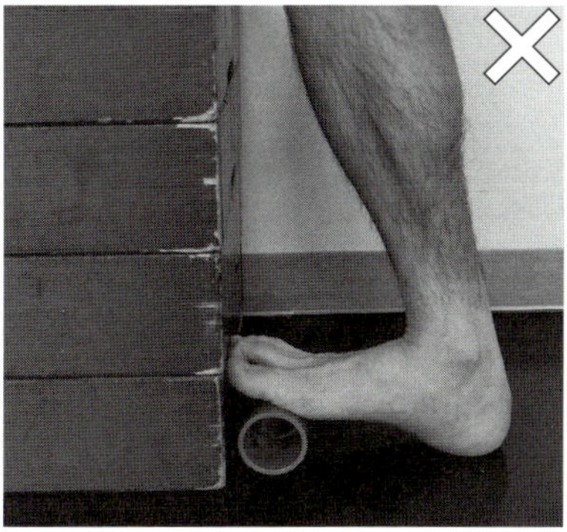

足の指が台の側面についていないため、足趾が伸展していない

10 足趾ストレッチ

Toes Stretch

足趾筋群の柔軟性を
改善させるためのストレッチ

1

ストレッチする方の脚の膝を立てる

2

つま先から足底に手を入れて、足趾を手の平に乗せる

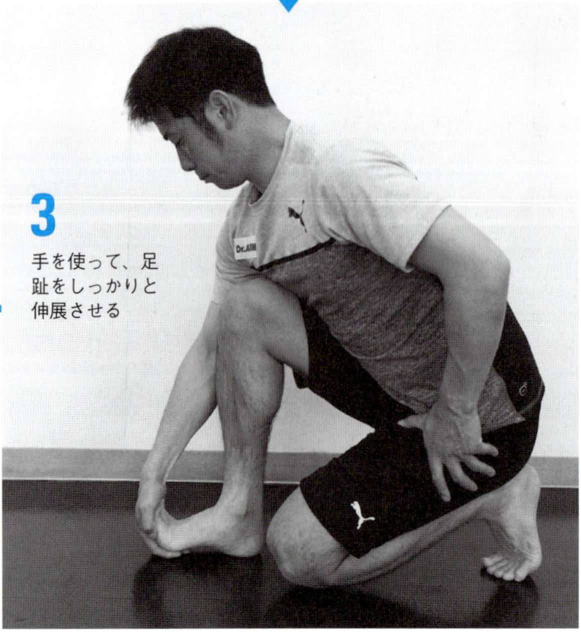

3

手を使って、足趾をしっかりと伸展させる

How to

方法とポイントの解説

片膝を立てた姿勢をとり、膝を立てた方の足趾を手のひらに乗せて、手を使って足趾を伸展させることによって足趾筋群の柔軟性を改善させる。足趾に手のひらをしっかり乗せ、かかとを浮かせないようにして、膝を前に出してストレッチすることが、このエクササイズのポイントになる。

時間・回数の目安
➔20～30秒×
左右各1～2回

4

足趾を伸展させたまま、膝を前に出して20～30秒間ストレッチする

Check Point!

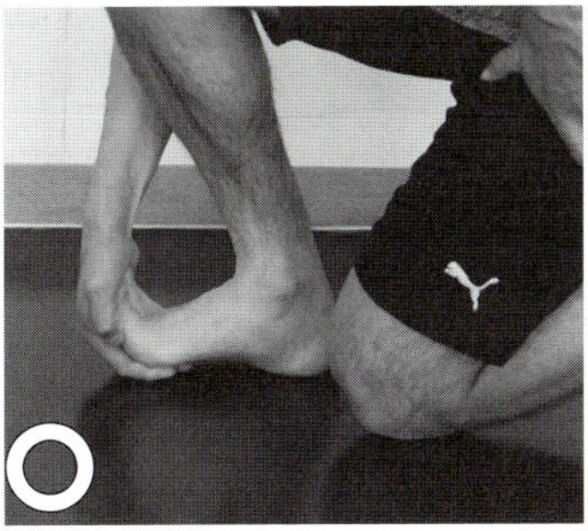

かかとを地面につけた状態で足趾を伸展させる

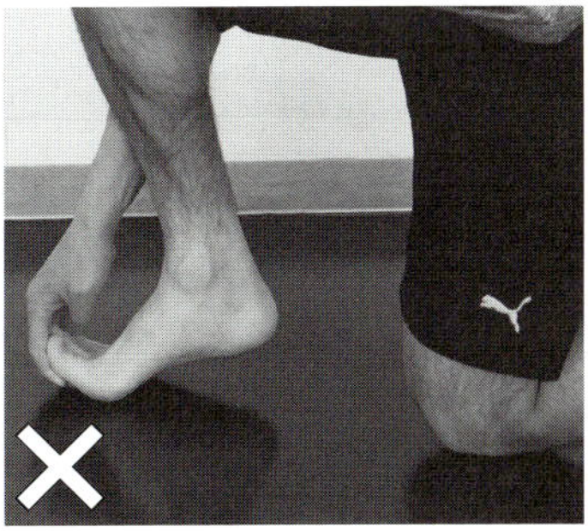

かかとが地面から浮いた状態では正しくストレッチができない

11 下腿三頭筋ストレッチ

Triceps Surae Stretch

下腿三頭筋の柔軟性を
改善させるためのストレッチ

1 写真のように、5cmほどの高さの台を用意する

2 片方の足を前に出し、前方に置いた台の上に足底部の前の部分を乗せる

How to

方法とポイントの解説

5cmほどの高さの台に足底部の前の部分を乗せ、もう片方の脚を台よりも前に踏み出して足関節を背屈させることにより、下腿三頭筋の柔軟性を改善させる。背筋を伸ばした姿勢のまま行うことと、下腿三頭筋をストレッチするために足関節を背屈させることがポイントになる。

時間・回数の目安
➔20～30秒×
左右各1～2回

3 台に乗せていない方の脚を、台よりも前に踏み出す

4 台に乗せた方の足関節を背屈させ、下腿三頭筋を20〜30秒間ストレッチする

Additional Menu ●応用エクササイズ

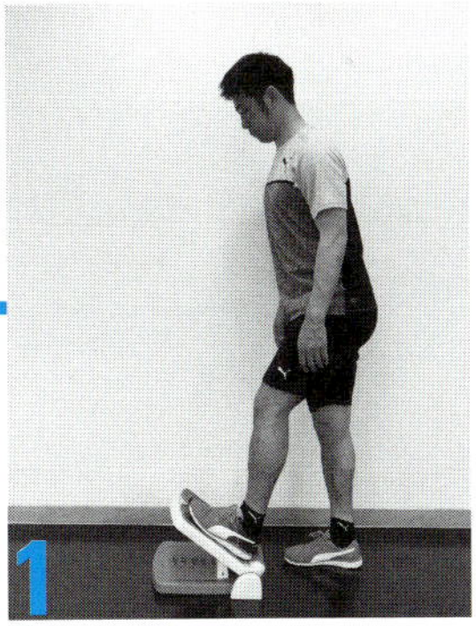

1 ストレッチする方の足（写真は左足）を台の上に乗せる

2 台に乗せた脚を支えにしながら、もう片方の足を浮かせる

3 背筋を伸ばして立ち、下腿三頭筋を20〜30秒間ストレッチする

COLUMN 1

サッカーとエネルギー供給

サッカーはスプリントなど素早い動作と、ゆっくりとした動作を長時間にわたって繰り返すスポーツです。サッカーで必要とされるエネルギーは、ほとんどが有酸素性エネルギー供給システムによってまかなわれています。しかし、運動強度が高くなると有酸素性エネルギー供給システムだけではエネルギー供給が追いつかなくなるため、無酸素性エネルギー供給システムを利用することになります。

また、試合中に高強度の無酸素性運動を繰り返し、それを維持するためには、素早い回復が必要です。そのためには、高い有酸素性の能力（筋の酸化能力）が必要となります。サッカーでは、スプリント、方向転換、ジャンプといった強度の高い無酸素性の能力のみならず、使われたエネルギー源を素早く回復させ、再利用するための能力も高く要求されます。また、サッカーにおける全身性持久力は有酸素性と無酸素性の両方において高い能力が求められるため、とても体力面の要求が高いスポーツと言えます。

サッカーに必要な有酸素性・無酸素性能力

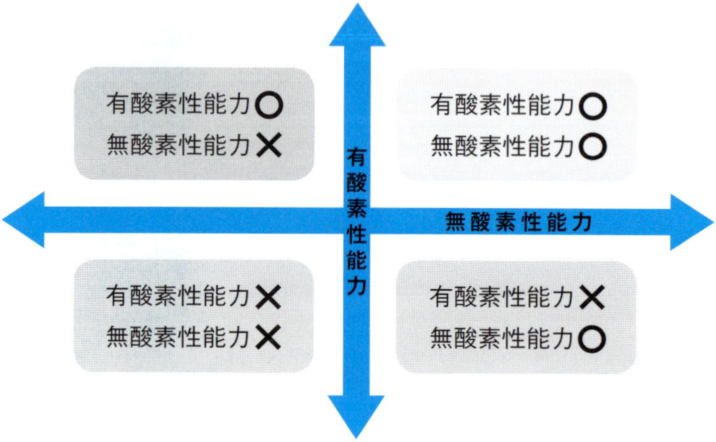

PART 2

Active Stretch

アクティブストレッチ編

12 ボール ソラシック スパイン エクステンション

Ball Thoracic Spine Extension

胸椎伸展の可動性を改善させるためのエクササイズ

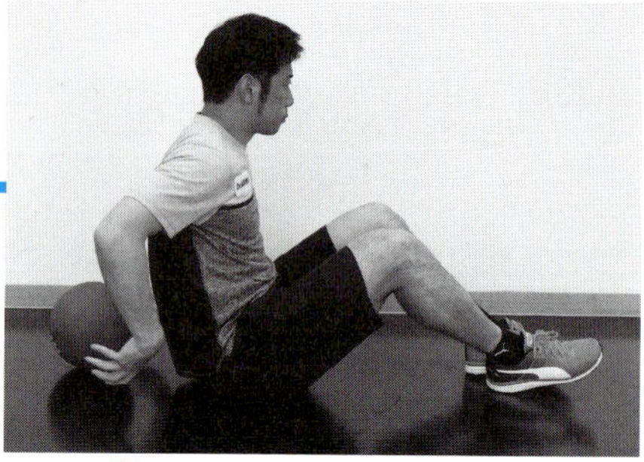

1 体育座りになって、ボールを背中の後ろに置く（サッカーボールを使うとよい）

2 ボールがちょうど肩甲骨の間に入るような姿勢をとる

3 両手をボールから離し、ボールの位置を固定する

How to

方法とポイントの解説

体育座りの状態から肩甲骨の間にボールを置いて固定し、両手を頭の後ろ側で組んだ状態で胸郭を大きく広げるとともに胸椎伸展の可動性を改善させる。ポイントは、胸郭を大きく広げる際に臀部を地面につけて行うことにある。その際、腹部を引き締めるように行うこと。

時間・回数の目安
➔3秒×8回

4
ボールを固定したら、両手を頭の後ろ側で組む

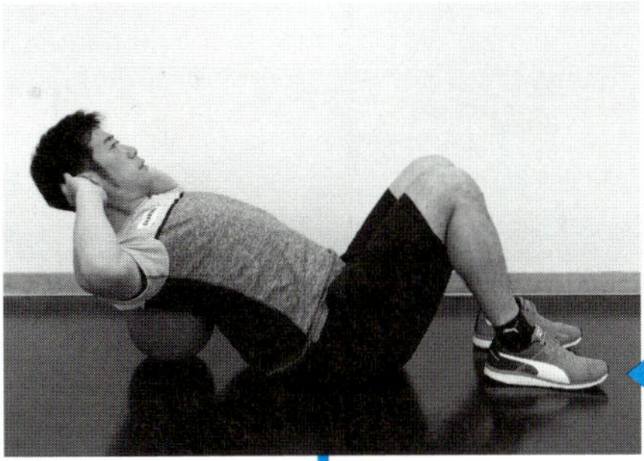

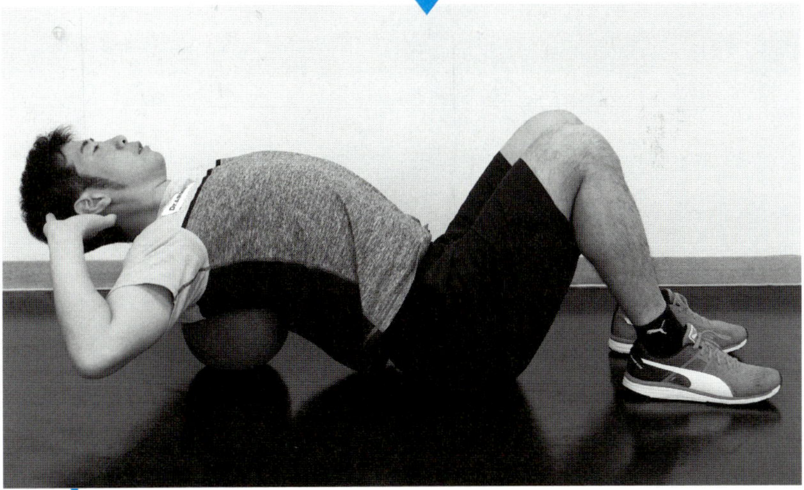

5 胸郭を大きく広げながら胸椎を伸展させ、その姿勢を3秒間キープする。これを8回繰り返す

Check Point!

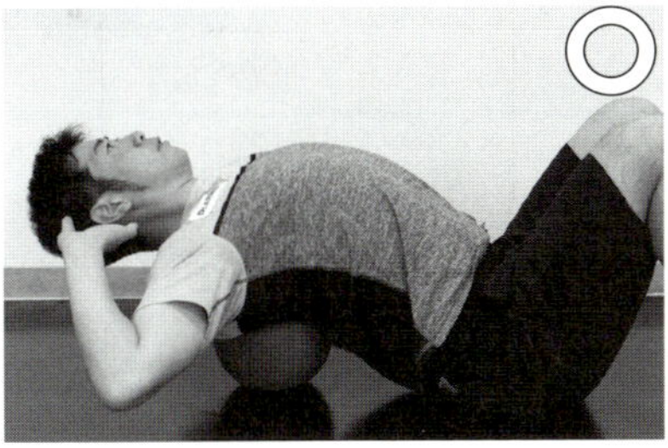

胸郭を大きく開いてストレッチする間は、臀部を地面につけて腹部を引き締めるように行う

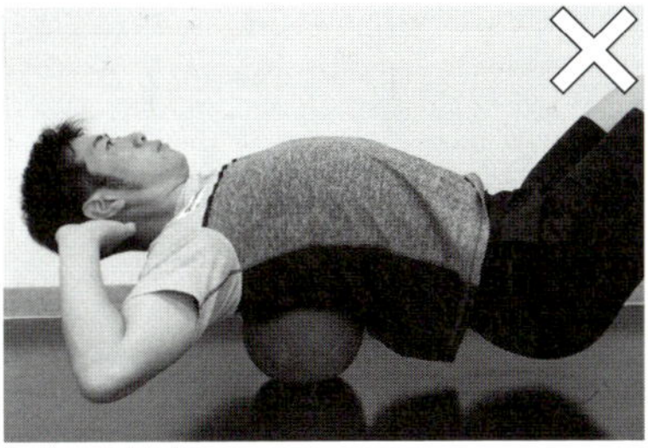

臀部を地面から浮かせてしまうと胸椎の伸展が少なくなりやすいので注意する

13 90/90 lat. トランクローテーション

90/90 lat. Trunk Rotation

側臥位で胸椎回旋の可動性を改善させるためのエクササイズ

How to

方法とポイントの解説

側臥位で股関節と膝関節を90度に曲げ、両腕を真っ直ぐ伸ばしたまま胸郭を大きく広げることによって、胸椎回旋の可動性を改善させる。このエクササイズのポイントは、胸郭を大きく広げる際に骨盤の上側が開かないようにしっかりと骨盤を安定させた状態で行うことにある。

時間・回数の目安
➔3秒×8回

1 側臥位になって股関節と膝関節を90度に曲げた状態で、両腕を真っ直ぐ伸ばして手を合わせる

2 胸郭を大きく広げながら上側の腕を大きく広げていく

3 胸を大きく開いた状態で、3秒間キープする。視線は手に向けるようにする

Check Point!

腕を開く際、上側の骨盤が開かないように注意する

4

3秒間キープした後、元の姿勢に戻していく

5

スタートの姿勢に戻したら同じ動作を8回繰り返し行う

Additional Menu ●応用トレーニング

1

側臥位になって股関節と膝関節を90度曲げた状態で、両腕を真っ直ぐ伸ばして手を合わせる

2

両方の手のひらをつけたまま、ゆっくりと持ち上げる

3

下側の腕は真上に向けたまま上側の腕を大きく開いていく。その際、骨盤は固定しておく

4

胸郭を開き、腕を大きく広げる。3秒間キープしたら元の姿勢に戻し、8回繰り返す

14 スパイン トランク ローテーション

Supine Trunk Rotation

体幹部の安定性の向上と胸椎の可動性を改善させるためのエクササイズ

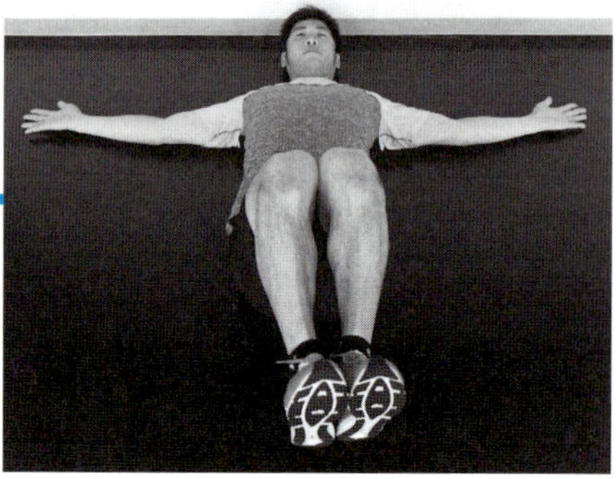

1 仰向けに寝て両腕を伸ばし、胸郭を広げる。両膝をつけたまま膝を直角に曲げて持ち上げる

2 両方の肩甲骨を地面につけたまま、膝の角度は変えずに、片側にゆっくりと下半身を倒す

3 両肩が地面から浮かない範囲で身体を倒し、3秒間キープする

How to

方法とポイントの解説

仰向けの状態で両膝をつけたまま膝を直角に曲げて持ち上げ、そのままの姿勢で左右交互に下半身を倒すことによって体幹部の安定性の向上と胸椎の可動性を改善させる。下半身を左右に倒す際は両方の肩甲骨が地面から浮かないように、胸郭を広げたままの状態で行うことがポイントになる。

時間・回数の目安

➔3秒×左右交互8回

4
3秒間キープしたら、ゆっくりと元の姿勢に戻す

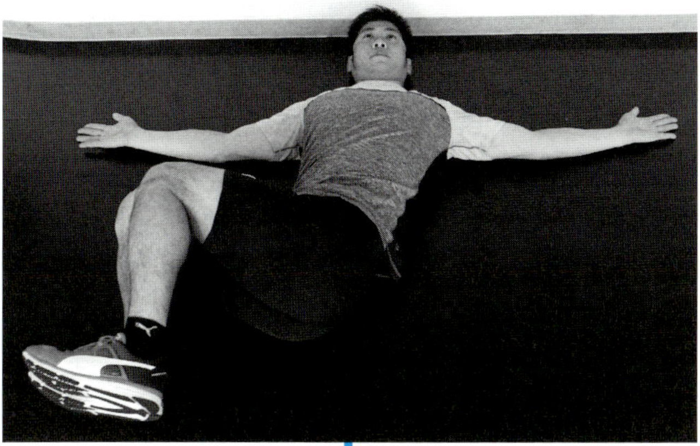

5
そのまま反対側（右）も同様に行う

6 ゆっくり元の姿勢に戻す。この動作を左右交互に8回繰り返す

Check Point!

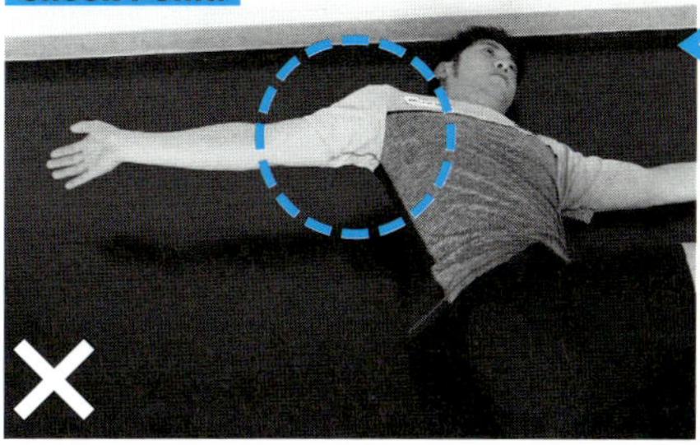

下半身を左右に倒す際、肩甲骨が地面から浮かないように注意すること（常に胸郭を広げたまま行う）

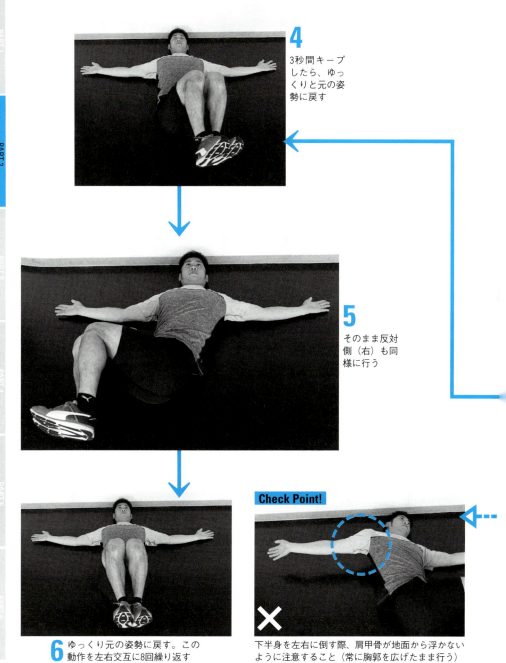

15 プローン ソラシック スパイン エクステンション

Prone Thoracic Spine Extension

胸椎伸展の可動性を改善させるためのエクササイズ

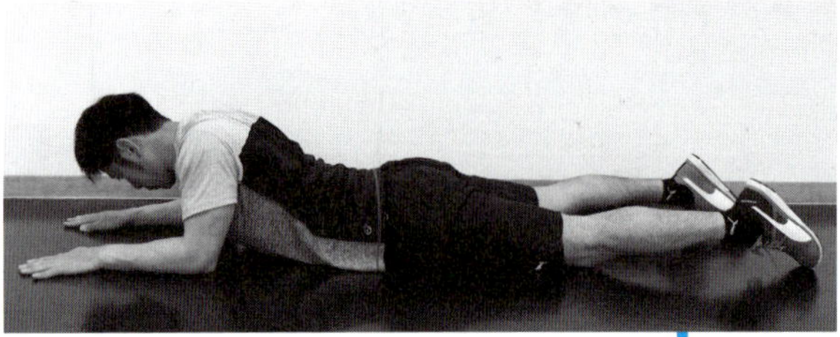

1 うつ伏せの状態で両方の手のひらを地面につける

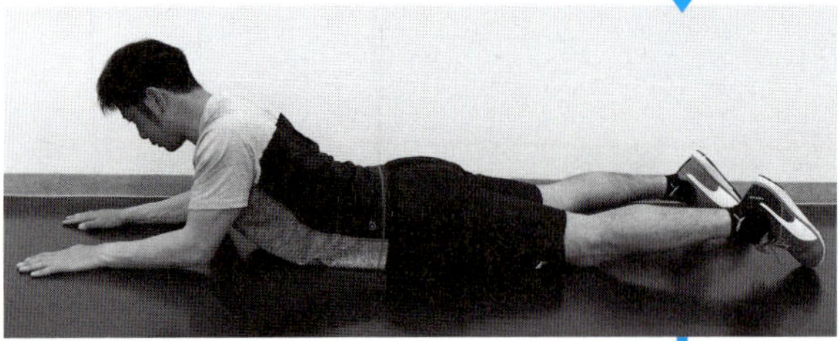

2 上体を起こしながら両肘を真っ直ぐ伸ばしていく

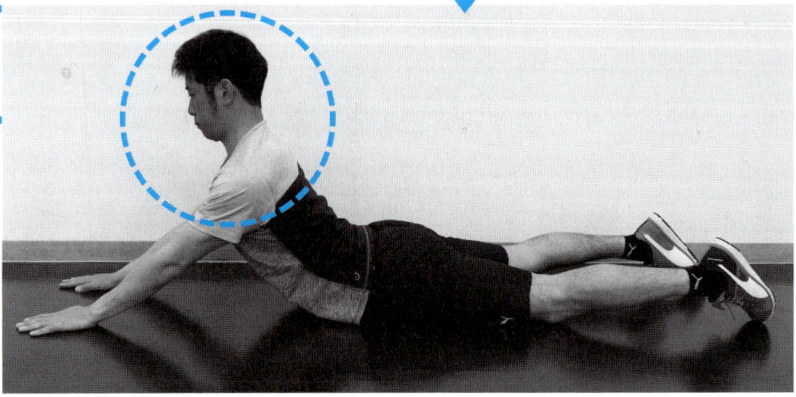

3 両肘を伸ばした状態で3秒間キープする。その際、肩がすくまないように肩甲骨を引き下げるように行う

How to

方法とポイントの解説

うつ伏せになって、肘を曲げて両方の手のひらを地面につけた姿勢から上体を起こし、両腕を真っ直ぐに伸ばした姿勢をキープすることによって、胸椎伸展の可動性を改善させる。両腕を伸ばす際に肩がすくむような姿勢にならないように注意することが、このエクセサイズのポイントになる。

時間・回数の目安
➔3秒×8回

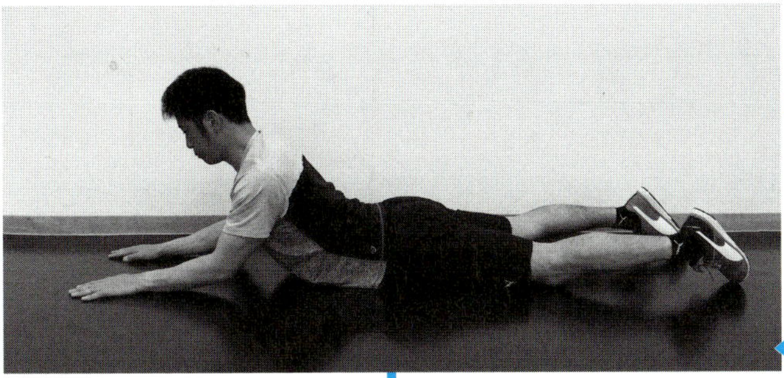

4

3秒キープしたら、両肘をゆっくりと曲げながら姿勢を元に戻していく

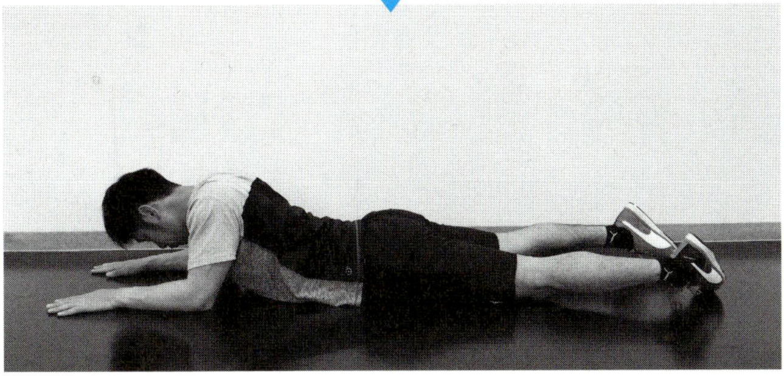

5

元の姿勢に戻したら、同じ動作を8回繰り返す

Check Point!

両腕を伸ばす際、肩甲骨が上がり、肩がすくむような状態にならないように注意する

16 スコーピオン

Scorpion

腹臥位で大腿部と体幹前面の柔軟性を改善させるためのエクササイズ

1 腹臥位で両腕を広げ、お腹を引き締め、体幹部を安定させる

2 両方の胸を地面につけたまま、膝を伸ばした状態で片方の股関節を伸展する

3 かかとを反対側の手に近づけるように身体を捻り、体幹および大腿部の前面を伸ばす

How to

方法とポイントの解説

腹臥位になって両方の胸の地面につけた状態で、かかとを反対側の手に近づけるように身体を捻ることによって、大腿部と体幹前面の柔軟性を改善させる。ポイントは、胸や腕が地面から離れてしまわないことと、手に近づける方の脚の膝を曲げずに、伸ばしたまま行うことにある。

時間・回数の目安
➔3秒×左右交互8回

4
3秒キープしたらゆっくりと元の姿勢に戻す

5
同じように身体を反対側にも捻り、3秒間キープする

6 同じ動作を左右交互に8回繰り返す

Check Point!

胸や腕が地面から離れ、膝が曲がらないように行う。また、腰を過度に反らせないように注意する

17 スタ", "ーターハム

Starter Ham

ハムストリングの柔軟性を
改善させるためのエクササイズ

1 前脚のかかとと後ろ脚の膝を同じラインに揃え、前脚のつま先のラインに両手を置く

2 胸を張り、両手を地面につけたまま前脚の大腿四頭筋の収縮を意識しながら臀部を持ち上げる

3 前脚のかかとの上に骨盤がくるように前脚のハムストリングをストレッチする

How to

方法とポイントの解説

前脚のかかとと後ろ脚の膝を同じラインに揃えて前脚のつま先のラインに両手を置き、両手を地面につけたまま臀部を持ち上げることによって、ハムストリングの柔軟性を改善させる。前脚の大腿四頭筋の収縮を意識することと、前脚の骨盤と大腿部が離れないように注意することがポイント。

時間・回数の目安
➔3秒×左右各8回

"

4

3秒間キープした後、ゆっくりと元の姿勢に戻る

5

元の姿勢に戻したら同じ動作を8回繰り返す

Check Point!

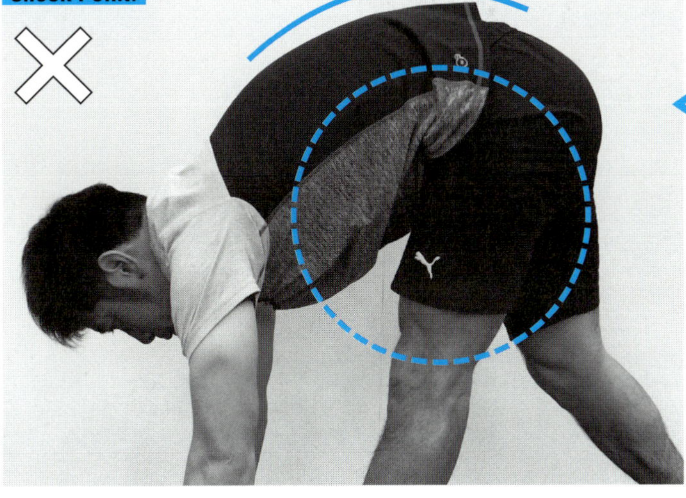

背中が丸くならないようにする。また、前脚の骨盤と大腿部が離れないように注意する

18 ムーブメント カーフ

Movement Calf

下腿三頭筋の柔軟性を改善させるためのエクササイズ

1 両手を地面につけて、片方のかかとを地面に押しつけるようにする

2 反対側の足を、伸ばした方のかかと部分に乗せる

3 すねの前の筋肉（前脛骨筋）を収縮させ、つま先をすねに近づけ、かかとを地面に押しつけるようにして下腿三頭筋をストレッチする

How to

方法とポイントの解説

下腿三頭筋の柔軟性を改善させるためのエクササイズ。両手両足を地面につけ、片方の足をストレッチする方のかかと部分に乗せる。かかとを地面につけた状態のまま、すねの前側の筋肉の収縮を意識してストレッチした後、つま先で押し上げるようにしてかかとを持ち上げる。

時間・回数の目安

➔3秒×左右各5回

4 3秒間キープしたら、足関節を低屈させてかかとを地面から浮かせ、ゆっくり元の姿勢に戻す。同じ動作を5回繰り返す

Check Point!

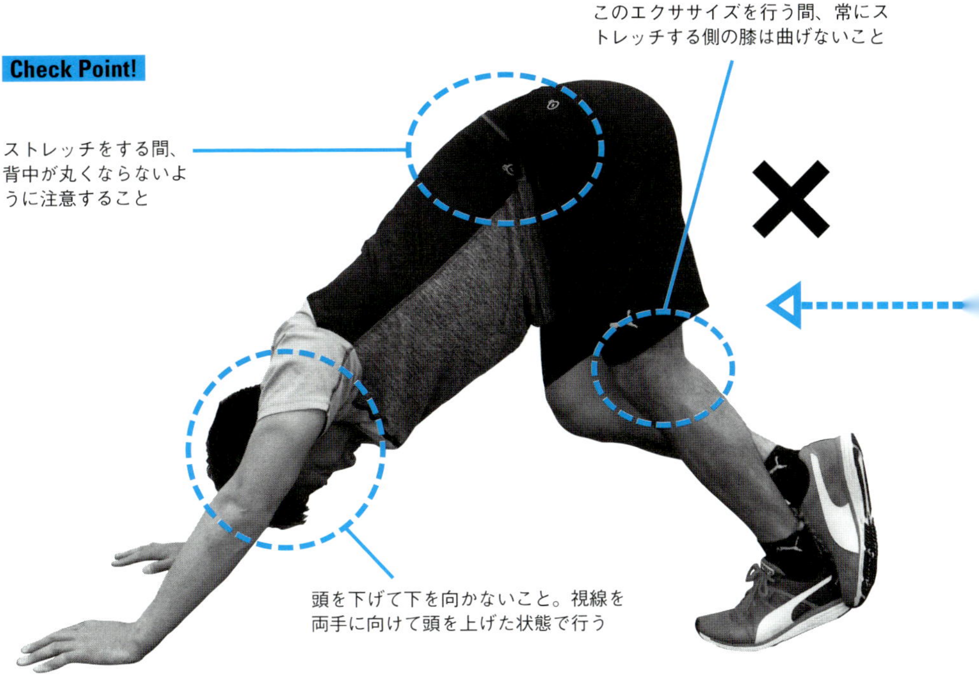
このエクササイズを行う間、常にストレッチする側の膝は曲げないこと
ストレッチをする間、背中が丸くならないように注意すること
×
頭を下げて下を向かないこと。視線を両手に向けて頭を上げた状態で行う

19 スパイダーマン ハム ランジ

Spider-Man Ham Lunge

体幹部の安定性の向上、股関節と胸椎の可動性、ハムストリングの柔軟性を改善させるためのエクササイズ

1 両手を地面につけて両手の外側に片方の脚を垂直に曲げ、もう片方の脚は後ろに伸ばす。その際、胸を張る

2 その姿勢を3秒キープした後、脚に近い方の手を脚の外側に置いて姿勢を変える

3 大腿四頭筋の収縮を意識して前側の膝を伸ばし、ハムストリングを3秒間ストレッチする。その際、背中を丸めないようにする

How to

方法とポイントの解説

3段階の動作を行う中で、体幹の安定性を向上させながら股関節と胸椎の可動性とハムストリングの柔軟性を改善させる。第1段階（写真1）と第3段階（写真5）で片方の脚を後ろに伸ばす際に胸を張ること、第2段階（写真3）でハムストリングを伸ばす際に背中を丸めないことがポイント。

時間・回数の目安
➔3秒×左右各5回

4 3秒間キープした後、前脚の膝を曲げて手を元の位置に戻す

5 再び脚を垂直に曲げて胸を張り、３秒間キープする。この動作を5回繰り返す

このエクササイズを行う間は常に背中が丸まらないように注意する

Additional Menu ●応用エクササイズ

1 上手く胸を張って行えない場合は、ボールに手を乗せて行うと正しい姿勢で行いやすくなる

2 ボールに手を乗せたまま姿勢を変化させ、ハムストリングを伸ばす

20 フロッグ ホールド

Frog Hold

体幹部の安定性の向上と内転筋の柔軟性を改善させるためのエクササイズ

1 足を肩幅より広めに開き、つま先を外側45度に向けた状態から足関節を内側からつかむ

2 背中が丸くならないように注意しながら徐々に臀部を落としていく

3 背中が丸くならない範囲で臀部を落としたら、肘で膝を外側に押して内転筋を３秒間ストレッチし、元の姿勢に戻る。この動作を５回繰り返す

How to

方法とポイントの解説

両脚を開いて内側から足関節を手でつかみ、肘を使って膝を外側に押すことによって、体幹部の安定性の向上と内転筋の柔軟性を改善させる。このエクササイズのポイントは、肘で膝を外側に押しながら、背筋を伸ばした状態で腹筋を引き締めるような意識で行うことにある。

時間・回数の目安

➔3秒×5回

Different Angle 横からのアングル

ストレッチする間は、つま先を外側45度に向け、背筋を伸ばして腹筋を引き締めるような意識で行う

Check Point!

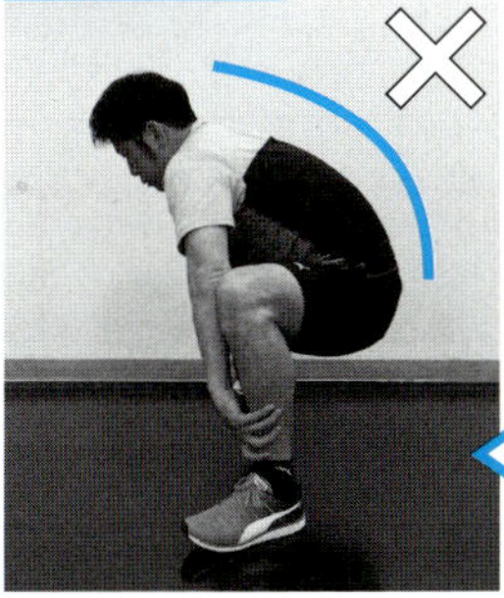

ストレッチする際、背中を丸めた状態にならないように注意すること

膝が前に出ないようにする（臀部を後方に引くように行う）

21 ランジ リーチ

Lunge Reach

股関節および胸椎の可動性を改善させるためのエクササイズ

1 前側の膝が直角になるように脚を大きく前後に開き、前側の足関節を内側から手でつかむ。後ろに伸ばした足のつま先を外側に向ける

2 後ろ脚の臀筋を収縮させ、足関節をつかんでいない側の腕を大きく開いていく

3 胸郭を広げながら腕を大きく開き、3秒間キープする。その際、足関節を掴んでいる側の肘で膝を外側に押すようにする

How to

方法とポイントの解説

前に出した足関節を内側から手でつかみ、後ろに伸ばした足のつま先を外側に向け、腕を大きく開くことによって、股関節および胸椎の可動性を改善させる。胸郭を大きく開くことと、足から頭までが一直線上になる姿勢で行うことが、このエクササイズのポイントになる。

時間・回数の目安

➔3秒×左右各5回

4 3秒間キープした後、ゆっくりと元の姿勢に戻る

5 元の姿勢に戻ったら、同じ動作を5回繰り返す

横から見た正しい姿勢。足から頭までが一直線上になっている

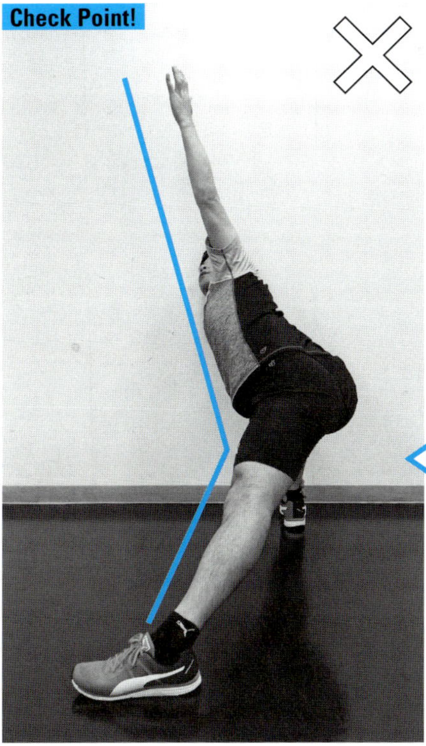

横から見た悪い姿勢。身体が一直線上になっていない

22 ストライド ランジ ストレッチ

Stride Lunge Stretch

股関節前面の柔軟性を
改善させるためのエクササイズ

1 腰に両方の手を当てて、脚を前後に大きく開いて背筋を伸ばして立つ

2 前側の股関節に体重を乗せるように重心を落としていく。後ろ脚はしっかりと伸ばし、臀筋の収縮を意識する

3 前脚の膝と股関節が直角になるまで重心を落とし、後ろ脚の股関節前面をストレッチする。この姿勢を3秒間キープする

How to

方法とポイントの解説

　脚を前後に大きく開いて背筋を伸ばし、前脚の膝と股関節が直角になるまで重心を落とす動作によって、股関節前面の柔軟性を改善させる。重心を落として後ろ脚を伸ばす際に臀筋の収縮を意識すること、前脚の膝が前に出すぎないこと、背中が丸まらないように行うことがポイントになる。

時間・回数の目安
➔3秒×左右各5回

4

3秒キープした後、元の姿勢に戻る。同じ動作を5回繰り返す

Check Point!

前脚の膝が前に出すぎず、背中が丸まらないように注意する。また、後ろ膝が曲がらないようにする

23 ストライド ランジ ストレッチ ワン ハンド リーチ

Stride Lunge Stretch One Hand Reach

股関節と体幹部の前面の柔軟性を改善させるためのエクササイズ

1 腰に手を当てて背筋を伸ばし、脚を前後に大きく広げる

2 前側の股関節に体重を乗せるように重心を落としていく。後ろ脚はしっかりと伸ばし、臀筋の収縮を意識する

3 前脚の股関節と膝が直角になるまで重心を落とし、「スライド ランジ ストレッチ」と同じ姿勢をとる

How to

方法とポイントの解説

脚を前後に大きく広げて「ストライド ランジ ストレッチ」の姿勢から、後ろに伸ばした脚と同じ側の腕を真っ直ぐ上に伸ばす動作によって、股関節と体幹部の前面の柔軟性を改善させる。後ろ脚の臀筋を収縮させて腕を上に伸ばす際に胸郭を広げること、腕を曲げないこと、背中を丸めないことがポイントになる。

時間・回数の目安
➔3秒×左右各5回

4

後ろに伸ばした脚と同じ側の腕を真っ直ぐ上に伸ばす。その際、胸郭をしっかり広げ、後ろ脚の臀筋の収縮を意識する。3秒間キープし、5回繰り返す

Check Point!

後ろ側の膝や挙上した腕が曲がらないように行う。また、背中が丸くならないように注意すること

24 フロントランジウォーク

Front Lunge Walk

ランジ動作で股関節前面の柔軟性を改善させるエクササイズ

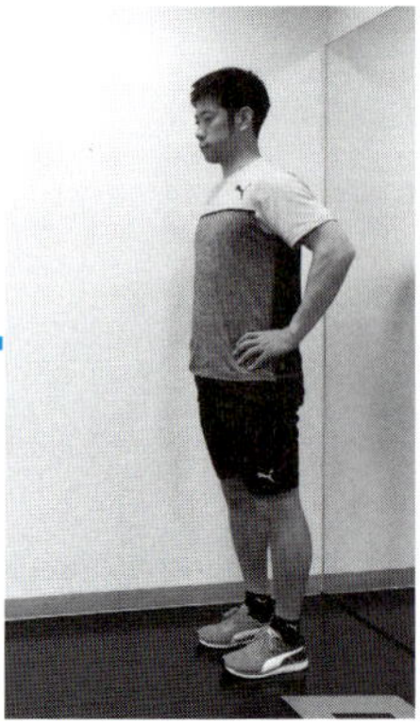

1 背筋を伸ばして立ち、胸郭を広げる

2 片方の脚を大きく前方に踏み出す

3 前に出した脚の膝と股関節が直角になるまで重心を落とし、後ろ脚の臀筋を収縮させる

4 胸郭を広げ、臀筋を収縮させた状態を 3 秒間キープし、股関節前面をストレッチする

How to

方法とポイントの解説

ランジの姿勢をとり、前に出した脚の膝と股関節が直角になるまで重心を落として後ろ脚の臀筋を収縮させる。この動作を繰り返しながら前進することによって、股関節前面の柔軟性を改善させる。膝が前に出すぎず、背中を丸めずに胸郭を広げたまま、臀筋の収縮を意識することがポイント。

時間・回数の目安
➔3秒×10歩前進

5 前脚に重心を乗せたまま起き上がり、逆脚を前に踏み出す

6 逆脚を前に大きく踏み出して同じ動作を行う

7 前に出した脚の膝と股関節が直角になるまで重心を落とし、後ろ脚の臀筋を収縮させて3秒間キープする

8 3秒間キープしたら、同じ動作を繰り返して10歩前進する

Check Point!

膝が前に出すぎたり、背中が丸まらないように行う（胸郭を広げたまま臀筋の収縮を意識する）

25 バック ランジ ウォーク

Back Lunge Walk

バックランジ動作で股関節前面の柔軟性を改善させるエクササイズ

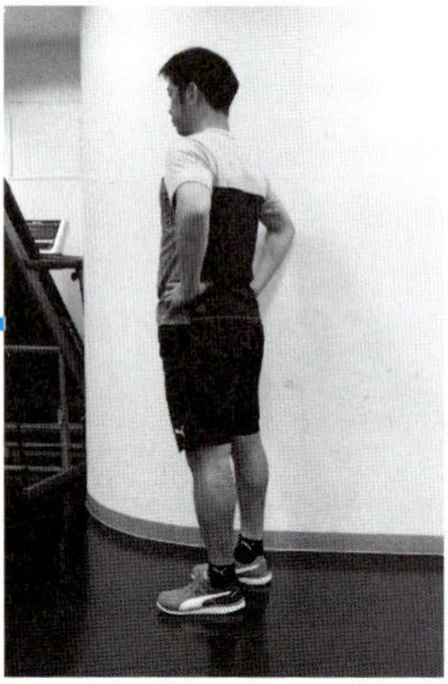

1 背筋を伸ばして立ち、胸郭を広げる

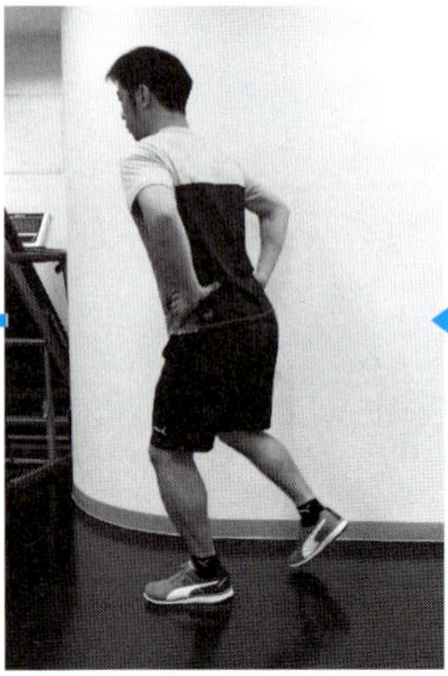

2 片方の脚をできるだけ大きく後方に伸ばす

3 重心を前脚の股関節に乗せたまま胸郭を広げ、後ろ脚の膝を伸ばす

4 後ろ脚の臀筋を収縮させて股関節前面をストレッチし、3秒間キープする

How to

方法とポイントの解説

「フロント ランジ ウォーク」の逆バージョン。バックランジの動作中に後ろ脚の臀筋を収縮させる。この動作を繰り返しながら、股関節前面の柔軟性を改善させる。後ろに進む動作をすることによって、重心が後ろ脚にかからないように行うことがポイントになる。

時間・回数の目安
➔3秒×10歩後退

5 3秒間キープしたら後脚を軸にして腰を上げ、元の姿勢に戻していく

6 反対の脚を後ろに伸ばし、後ろに進みながら同じ動作を行う

7

重心を前脚の股関節に乗せたまま胸郭を広げ、後ろ脚の膝を伸ばす

8

後ろ脚の臀筋を収縮させて股関節前面をストレッチし、3秒間キープ。この動作を繰り返して10歩後ろに進む

Check Point!

重心が後ろ脚にかからないように行う。また、後ろ脚の膝が曲がらないように注意する

26 ランジ ウォーク ニー ドライブ

Lunge Walk Knee Drive

股関節の可動性の改善と体重移動時の
バランス能力を向上させるためのエクササイズ

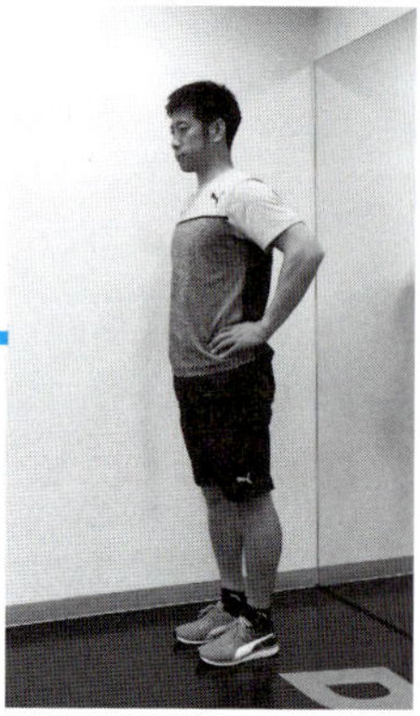

1 背筋を伸ばして立ち、胸郭を広げる

2 片方の脚を大きく前に踏み出す

3 胸郭を広げた状態で前脚の膝と股関節が直角になるまで重心を落とす

4 後ろ脚の臀筋の収縮を意識しながら股関節前面をストレッチし、3秒間キープする

How to

方法とポイントの解説

「フロント ランジ ウォーク」で脚を踏み出す際、膝を高く引きつける動作をすることによって股関節の可動性の改善と体重移動時のバランス能力を向上させる。膝を引きつける際に軸脚を伸ばすこと、踏み込む際に後ろ脚を真っ直ぐに伸ばすこと、背中が丸まらないようにすることがポイント。

時間・回数の目安

➔3秒×10歩前進

5 3秒間キープしたら、前脚で身体を起こしていく

6 後ろ脚を前に引き出しながら膝を高く引きつける。その際、軸脚をしっかり伸ばす

7 引きつけた脚をそのまま前に踏み出し、胸を張ったまま後ろ脚の臀筋を収縮させる

8 3秒間キープしたら同じ動作を繰り返し、左右交互に10歩進む

Check Point!

前脚の膝を前に出しすぎたり、背中を丸めたりしないように注意する。また、後ろ脚を曲げないように行う

27 カリオカ ランジ

Carioca Lunge

股関節の可動性を改善させるためのエクササイズ

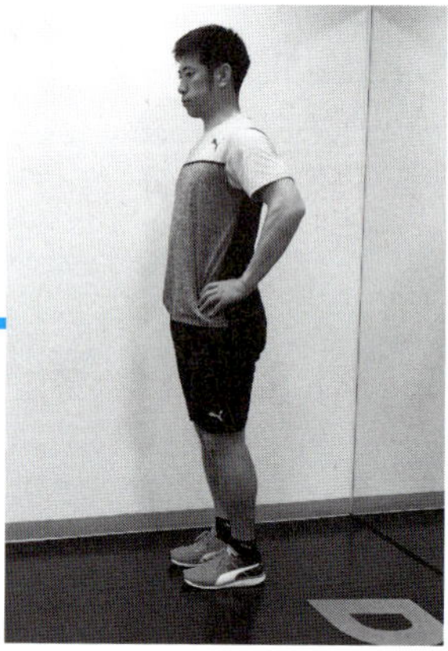

1

背筋を伸ばして立ち、胸郭を広げる

2

片方の脚を反対の脚の前方に大きく踏み出す

3 前脚のつま先と膝を正面に向け、骨盤と大腿部で物を挟むようにして股関節を中心に重心をできるだけ落とす

How to

方法とポイントの解説

片方の脚を反対の脚の前方に踏み出し、骨盤と大腿部で物を挟むようにして重心をできるだけ落とす動作によって、股関節の可動性を改善させる。股関節を中心に重心を落とすこと、前に踏み出した脚のつま先と膝を前方に向けること、下腿を斜めに倒さないようにして行うことがポイントになる。

時間・回数の目安

➔3秒×10歩前進

4

その姿勢を3秒キープしたら、重心を起こしていく

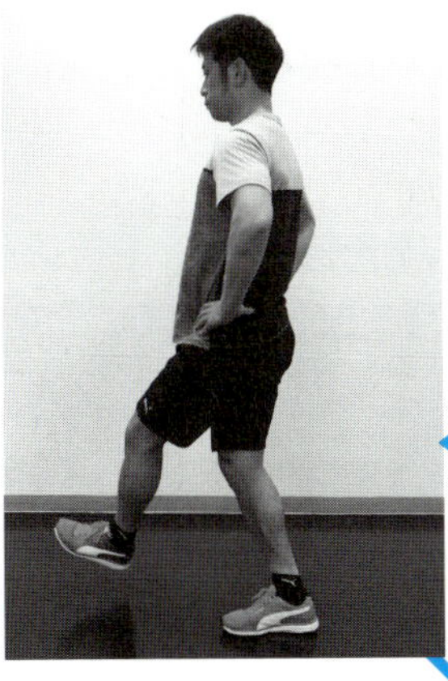

5

同じようにして反対の脚を大きく斜め前方に踏み出す

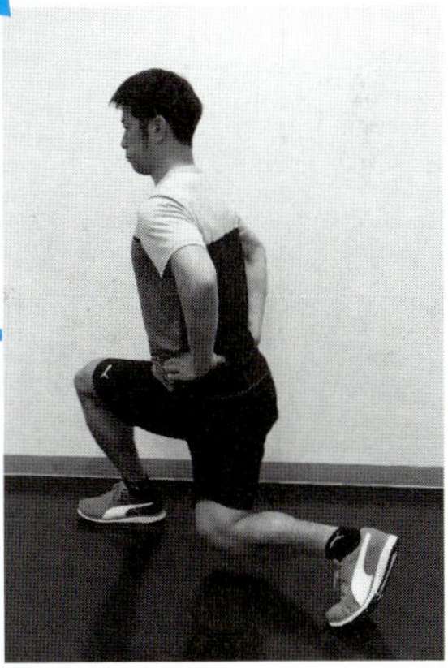

6

前脚のつま先と膝を正面に向け、骨盤と大腿部で物を挟むようにして股関節を中心に重心をできるだけ落とす

7

3秒間キープしたら重心を起こし、同じ動作を繰り返して10歩前進する

Check Point!

正しい姿勢では膝がつま先の真上にあり、正面を向いている（写真左）。悪い姿勢では下腿が斜めに倒れてしまっている（写真右）

28 ラテラル スクワット

Lateral Squat

股関節の可動性を
改善させるためのエクササイズ

1 脚を肩幅よりも広めに開き、つま先を正面に向ける。胸郭を広げ、手は前に伸ばす

2 足底全体に体重を乗せ、臀部を後方に引きながらしゃがみ込む。その姿勢で3秒間キープする。その際、かかとの上に臀部があるように重心を移動させる

Different Angle 横からのアングル

How to

方法とポイントの解説

つま先を正面に向けて足を大きく広げ、重心を横へ移動しながら深くしゃがみ込む動作によって股関節の可動性を改善する。このエクササイズのポイントは、重心をしっかり横方向に移動させること、曲げた脚のつま先と膝を正面に向けること、動作中に背中が丸まらないことになる。

時間・回数の目安
➔3秒×左右交互8～10回

3 ゆっくりと重心を起こし、反対側も同様に行う

4 同じ動作を左右交互に8～10回繰り返す

Check Point!

重心を乗せた脚の膝が前に出ないようにする（股関節を中心にしゃがみ込むようにする）

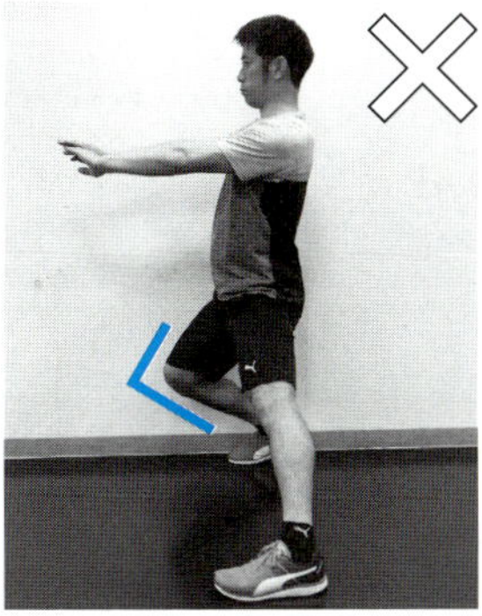

曲げた方の足のつま先が外側を向かないように注意する（つま先は正面に向けて行う）

しゃがみ込む際は背中が丸まらないように注意する（背筋を伸ばしたまま行う）

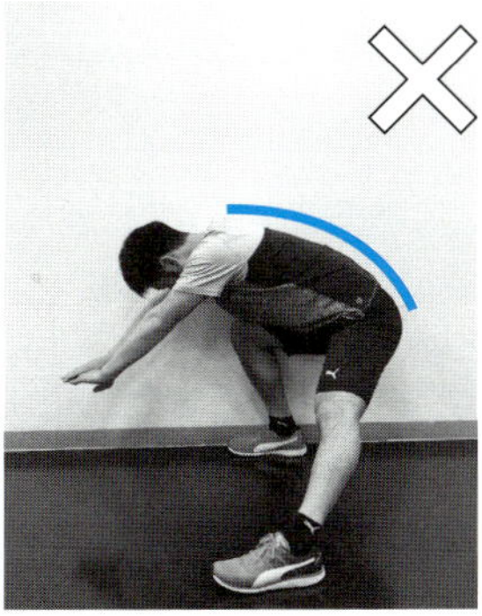

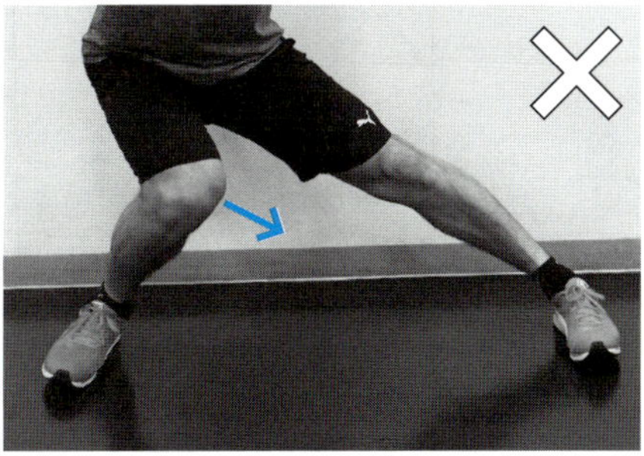

曲げた方の膝が内側を向かないように注意する（曲げた方の膝は正面に向けて行う）

29 オーバーヘッド スクワット

Over Head Squat

体幹の安定性の向上や胸椎と股関節の可動性を改善させるためのエクササイズ

1 脚を肩幅に開いて立ち、胸郭を広げて両腕を真上に伸ばす

2 足底全体に体重を乗せ、臀部を後方に引きながらしゃがみ込む

3 深くしゃがむに従って腕を上に伸ばすように意識して3秒間キープする

4 その姿勢を3秒間キープしたら、両手を上げたまま元の姿勢に戻る

5 ゆっくりと元の姿勢に戻したら、同じ動作を10回繰り返す

How to

方法とポイントの解説

両脚を肩幅程度に開き、両腕を上に伸ばした姿勢のまましゃがみ込む動作によって体幹の安定性の向上や胸椎と股関節の可動性を改善させる。上に伸ばした腕の肘を曲げないこと、両膝を正面に向けて前に出すぎないようにすること、身体が前に倒れたり背中を丸めたりしないことがポイント。

時間・回数の目安

➔3秒×10回

Different Angle 横からのアングル

Check Point!

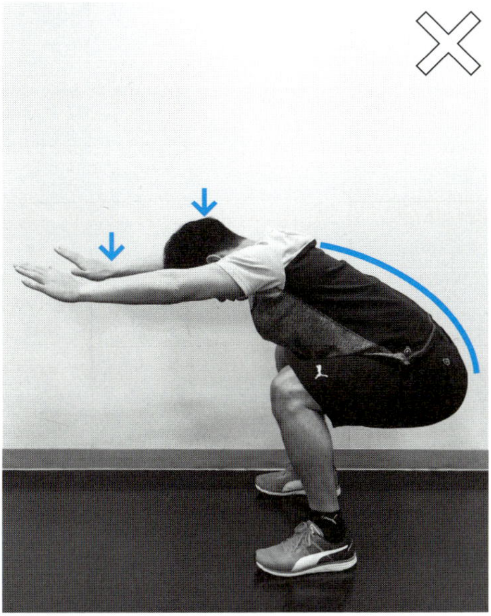

腕や身体が前に倒れたり、背中が
丸まったりしないように注意する

肘が曲がらないように行う。また、膝が
内側や外側を向かないように注意する

30 レッグ クレイドル

Leg Cradle

臀筋群の柔軟性の改善とバランス能力を向上させるためのエクササイズ

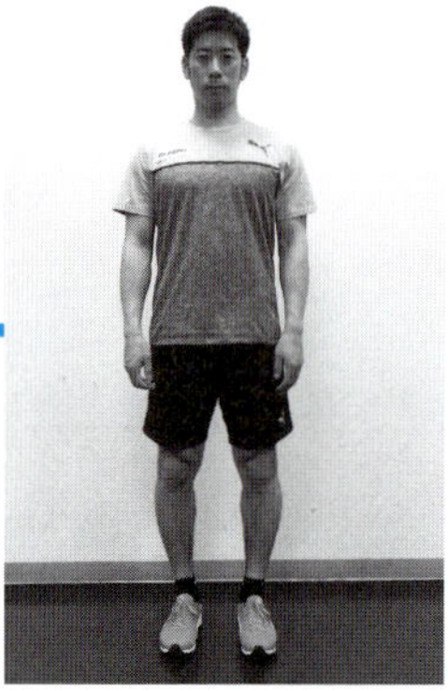

1

背筋を伸ばして立ち，胸郭を広げる

2

軸脚を軽く曲げながら反対の足と下腿を両手で抱える

3

胸郭を広げた状態で軸脚を伸ばしながら抱えた足を上に持ち上げ、3秒間キープする

How to

方法とポイントの解説

胸郭を広げた状態で、軸脚を伸ばしながら抱える方の足を上に持ち上げた姿勢をキープすることによって、臀筋群の柔軟性を改善させ、バランス能力も向上させる。頭から足までが一直線になっていることがポイント。そのためには軸脚を曲げず、背中を丸めないことが重要になる。

時間・回数の目安
➔3秒×8回

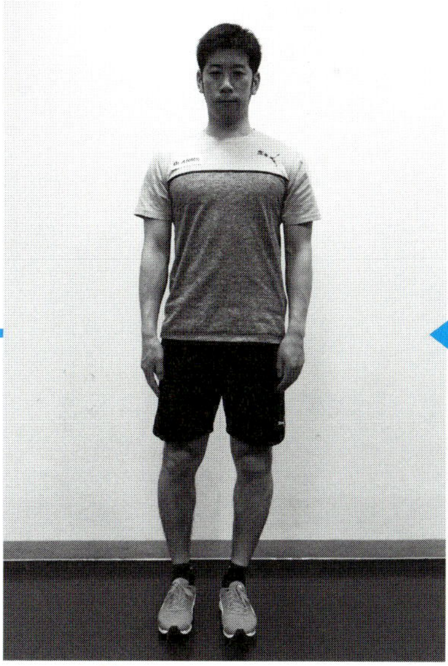

4 抱えていた足から手を放し、元の姿勢に戻る

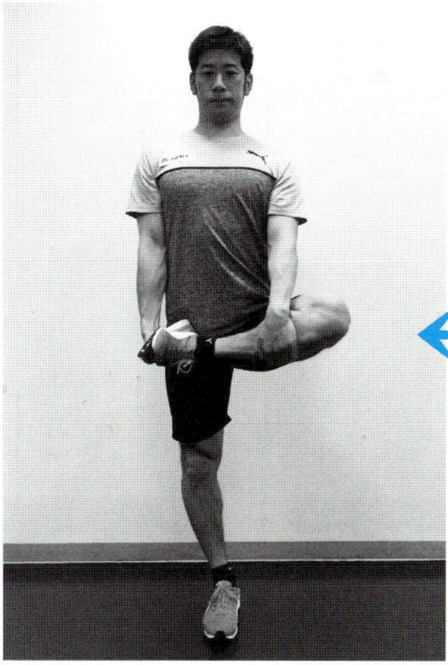

5 元の姿勢に戻ったら、反対側の脚も同じように行う。同じ動作を左右交互に8回繰り返す

Check Point!

軸脚が曲がったり、背中が丸まったりしないように注意する

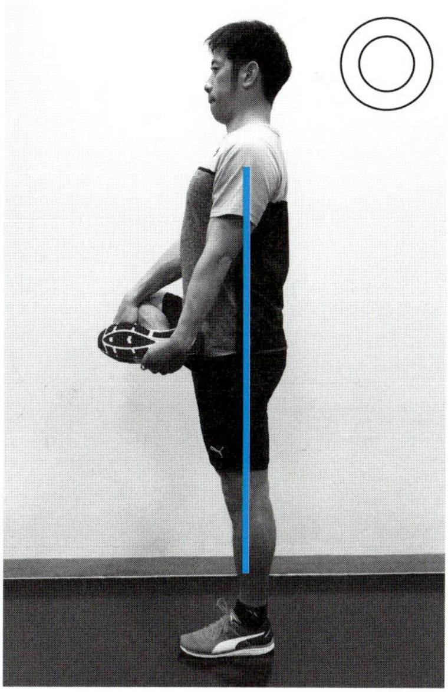

軸脚が伸びた状態で、頭から足までが一直線上にある

31 クロス レッグ スクワット

Cross Leg Squat

臀筋群の柔軟性の改善とバランス能力を向上させるためのエクササイズ

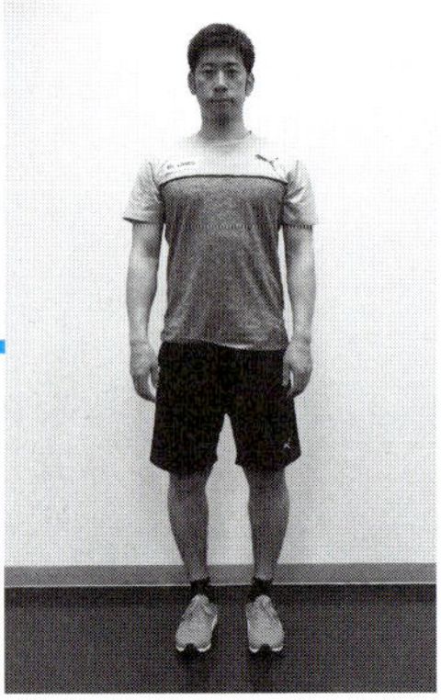

1

背筋を伸ばして立ち、胸郭を広げる

2

両腕を前に伸ばし、片方の足を反対側の膝の上に乗せる

3

軸脚の臀部を後方に引きながら重心を落とす。臀筋群をストレッチし、3秒間キープする

How to

方法とポイントの解説

両腕を正面に伸ばして片脚立ちになり、片方の足を軸脚の膝の上に乗せたまましゃがみ込む動作によって、臀筋群の柔軟性を改善させ、バランス能力も向上させる。このエクササイズのポイントは、軸脚で深くしゃがみ込むことと、背中を丸めないことになる。

時間・回数の目安

➔3秒×5回

4 腕と脚のかたちはそのままで、ゆっくりと重心を起こす

5 元の姿勢に戻ったら、反対側の脚も同じように行う

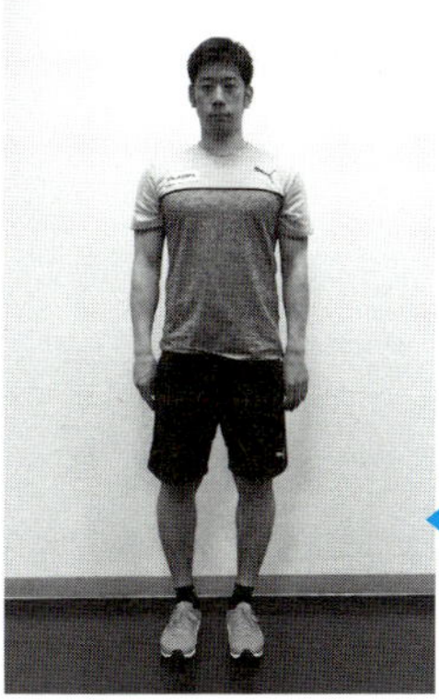

6 同じ動作を5回繰り返す

Check Point!

ストレッチする際に背中が丸まったり、両腕が下がったりしないように注意する

横からのアングル。正しい姿勢では、背筋が伸びて両腕も水平方向に真っ直ぐに伸びる

32 クワド ストレッチ オポジット

Quad Stretch Opposite

大腿四頭筋の柔軟性の改善と
バランス能力を向上させるエクササイズ

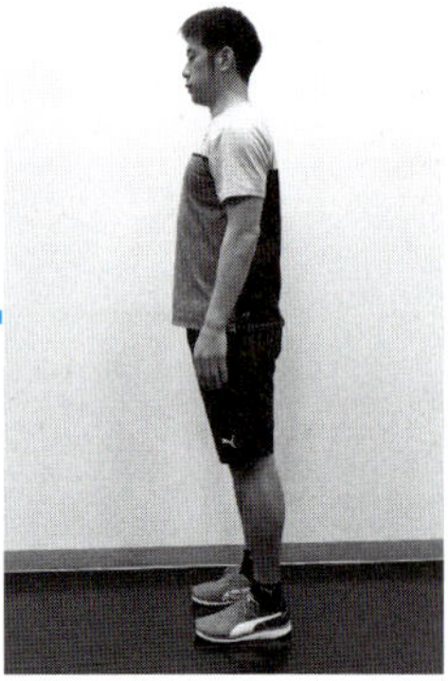

1 背筋を伸ばして立ち、胸郭を広げる

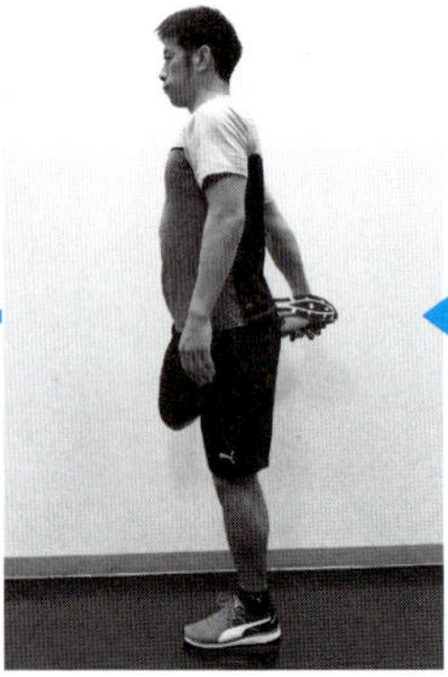

2 片脚で立ち、反対側の脚を曲げて手で持ってかかとを臀部につける

3 軸脚側の腕を真っすぐ上に伸ばす

4 軸脚側の膝を軽く曲げ、骨盤と大腿部で物を挟むように身体を前に倒す。手から膝までを一直線にする

How to

方法とポイントの解説

片方の膝を曲げて手で持ちながら反対側の腕を真っ直ぐ上に伸ばし、軸脚でバランスを保ちながら腕が水平になるまで倒す動作によって、大腿四頭筋の柔軟性の改善とバランス能力を向上させる。骨盤と大腿部で物を挟むように身体を前に倒し、手から膝までを一直線にすることがポイント。

時間・回数の目安
➔3秒×5回

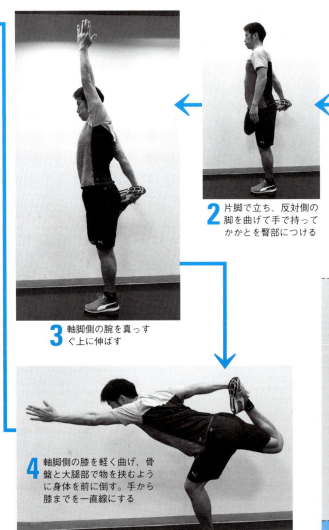

5 その姿勢を3秒キープしたら、ゆっくりと身体を起こす

6 元の姿勢に戻ったら、同じ脚で同じ動作を5回繰り返す

7 片方の脚で5回繰り返したら、次にもう片方の脚で行う

8 もう片方の脚でも同じように行い、5回繰り返す

Check Point!

手で持っている側の骨盤が回旋したり、背中が丸まって腕が下がったりしないように注意する

33 スキーヤー

Skier

ハムストリングの柔軟性改善とバランス能力を向上させるエクササイズ

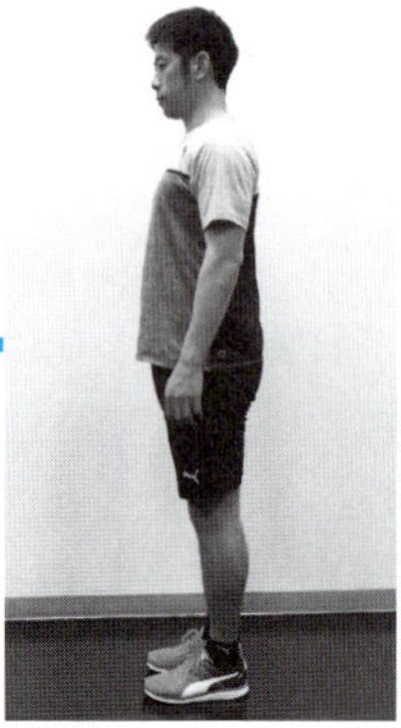

1 背筋を伸ばして立ち、胸郭を広げる

2 軸脚は伸ばしたまま片脚の膝を引き上げる

3 バランスを崩さないようにしながら引き上げた脚を後ろに伸ばし、胸郭を広げながら同じ側の腕を前へ伸ばしていく

4 軸脚の股関節を折り曲げるように身体を地面と平行まで倒していく。その際、手から足までを一直線にする

How to

方法とポイントの解説

軸脚を伸ばしたまま引き上げた脚を後ろに伸ばし、反対側の腕を前へ伸ばして身体を地面と平行になるまで倒す動作によって、ハムストリングの柔軟性を改善させ、バランス能力を向上させる。手から足までを一直線にすることがポイント。そのために、腕と後脚が曲がらないようする。

時間・回数の目安

➔3秒×5回

5

3秒間キープしたら、バランスを保ったままゆっくりと元に位置に戻る

6

元の姿勢に戻ったら、同じ脚で同じ動作を5回繰り返す

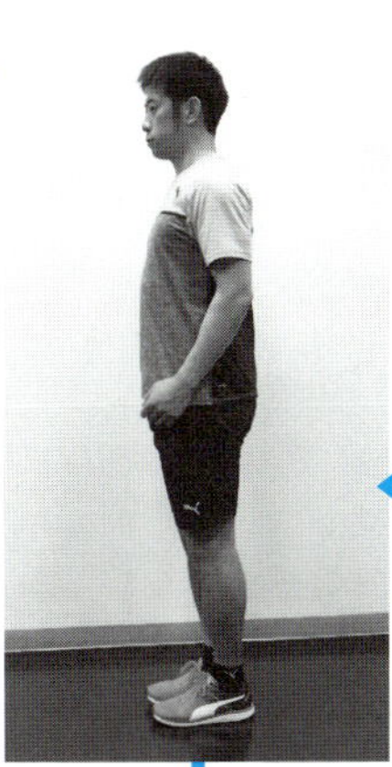

7

もう片方の脚でも同じように行い、5回繰り返す

Check Point!

前に出した腕が下がったり、後脚が曲がったりしないように注意する。背中を丸めないこと

34 インバーテッド ハム

Inverted Ham

ハムストリングの柔軟性の改善とバランス能力を向上させるエクササイズ

1 手のひらを上にし、両腕を左右に広げて胸郭を広げる

2 腕を左右に広げたまま、片脚の膝を引き上げる

3 バランスを崩さないようにしながら身体を徐々に前方へ倒していく

4 軸脚の膝を軽く曲げ、股関節から折り曲げるように身体を前に倒し、後ろ脚を伸ばす。その際、頭から足までを一直線にする

How to

方法とポイントの解説

両腕を左右に広げたまま、片方の脚を後ろに伸ばし、軸脚でバランスをとりながら地面と平行になるまで身体を倒す動作によって、ハムストリングの柔軟性の改善とバランス能力を向上させる。後ろに伸ばした脚と前に伸ばした腕が一直線になるように行うことがポイントになる。

時間・回数の目安
➔3秒×5回

5

3秒間キープしたら、バランスを保ったままゆっくり元の姿勢に戻る

6

元の姿勢に戻ったら、同じ脚で同じ動作を5回繰り返す

7

もう片方の脚でも同じように行い、5回繰り返す

両腕が下がったり、背中が丸まったり、後ろに伸ばした脚が曲がったりしないように注意する

COLUMN 2

体力トレーニングの分類

体力トレーニングは、どのエネルギー供給が必要なものであるかという点に基づいて、「有酸素性能力」、「無酸素性能力」、「筋力」に大きく分類して考えることができます。

1試合の8割近くを占める低い運動強度でのプレーの多くは、有酸素性の過程で供給されるエネルギーでまかなわれますが、高い運動強度でのプレー中は有酸素性エネルギー供給では限界があり、その多くは無酸素性の過程からエネルギーを供給します。

たとえば、遅いランニングにおいてはエネルギーのほとんどが有酸素的に供給され、筋活動の要求は筋持久力になります。これがスプリントのように強度の高い運動になると、有酸素的な供給のみでは限界に達しているため、無酸素的にエネルギーを供給します。また、このような高い運動強度での筋活動ではパワー（スピードパワー）も求められます。ただし、これらの体力要因は独立して機能しているわけでなく、お互いに影響し合いながら必要なエネルギーを供給しているという点も覚えておく必要があります。

体力要因の分類

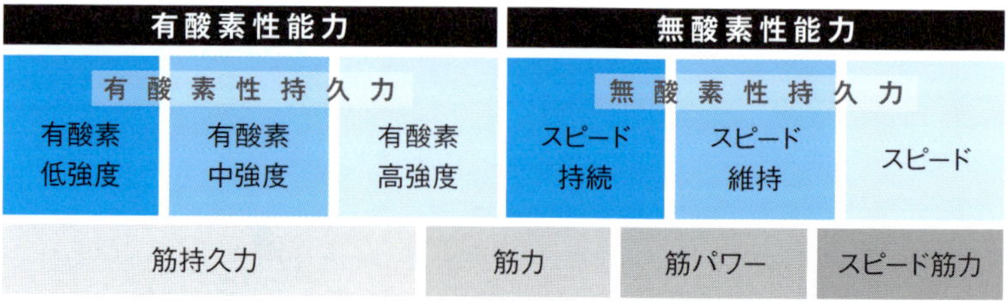

PART 3

Movement Training

ムーブメントトレーニング編

35 オーバーヘッド ディープ スクワット

Over Head Deep Squat

スクワット動作を改善させるためのエクササイズ

1

段差などにかかとを乗せ、胸郭を開きながら両手を真っ直ぐ上に伸ばす

2

骨盤と大腿部で物を挟むようにして股関節を中心に深くしゃがみ込む。深くしゃがむに従って腕が真上に伸びるように意識する

3

深くしゃがんだら3秒間キープし、ゆっくり立ち上がって元の姿勢に戻る。この動作を10回繰り返す

How to

方法とポイントの解説

胸郭を広げて両手を真っ直ぐ上に伸ばし、そのままの姿勢で深くしゃがみ込む動作によって、スクワット動作を改善させる。骨盤と大腿部で物を挟むようにしてしゃがみ込むこと、上に伸ばした腕が曲がらないようにすること、膝やつま先を正面に向けて行うことがポイントになる。

時間・回数の目安

➔10回×2回

Different Angle 正面からのアングル

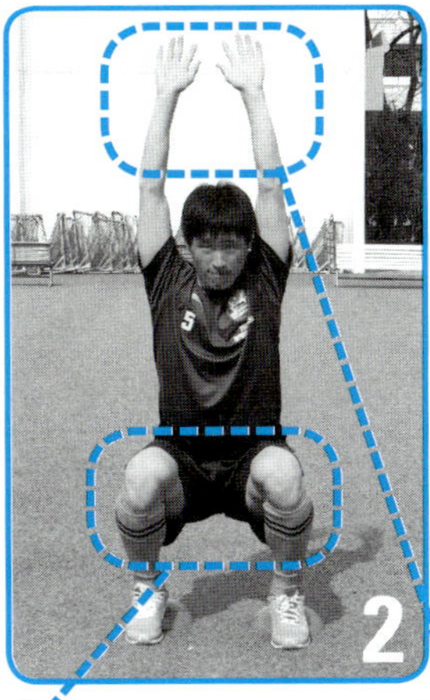

膝とつま先を外側や内側に向けないようにする（膝やつま先は正面に向ける）

肘が曲がらないようにする（肘が曲がってしまう場合は広背筋など肩関節周囲筋群の柔軟性を改善する必要がある）

両腕や身体が前に倒れないようにする

しゃがむ際に臀部を後方に突き出し、膝が前に出ないようにする

36 チューブ ニー アップ

Tube Knee Up

チューブを使用して走動作（歩行）を改善させるためのエクササイズ

1

両足の足部にチューブを巻いて立つ

2

背筋を伸ばしたまま片方の膝を引きつけるように股関節を屈曲する。その際、腕を自然に振って軸脚の臀筋の収縮を意識する

3

大腿部を地面と平行になるまで引きつけたら3秒間キープし、元の姿勢に戻る

How to

方法とポイントの解説

チューブを足部に巻き、背筋を伸ばしたまま片方の膝を引きつけるように股関節を屈曲することによって走動作を改善させる。このエクササイズのポイントは、膝を引きつける際に軸脚の臀筋の収縮を意識して行うこと、軸脚を曲げないこと、背中を丸めないことになる。

時間・回数の目安

➔ 左右交互10回×2回

4
元の姿勢に戻ったら、反対側の脚も同様に行う

5
同じ動作を左右交互に10回繰り返す

股関節を屈曲する際、軸脚が曲がって臀部が落ちないように注意する

股関節を屈曲する際、背中が丸まらないように注意する

Additional Menu ●応用エクササイズ

1 姿勢が安定しない場合、身体を前傾姿勢のまま壁などに手を着く（写真はサポート選手が壁役）

2 頭から足までを一直線にして膝を引きつけるように股関節を屈曲する。軸脚の臀筋の収縮を意識する

3 3秒間キープした後、姿勢を元に戻す。反対側の脚も同様に行う

37 スプリント スターター

Sprint Starter

ペアでチューブを使用して走動作（歩行）を改善させるためのエクササイズ

1 骨盤部分にチューブをかけ、脚を前後に開いた状態でしゃがみ、ランジの姿勢をとる。チューブの反対側は外れないように押さえる

2 前脚で地面を押し、起き上がるようにしながら後側の膝を前に引きつけて股関節を屈曲していく

How to

方法とポイントの解説

骨盤部分にチューブをかけてランジの姿勢をとり、後側の膝を前に引きつけて股関節を屈曲する動作によって、走動作を改善させる。軸脚の臀筋の収縮を意識して反対側の脚の股関節を屈曲し、かかとから頭までを一直線にして行うことがポイント。背中を丸めたり軸脚を曲げたりしないようにする。

時間・回数の目安

➔ 左右10回×2回

3
股関節を屈曲する際に軸脚の臀筋の収縮を意識し、かかとから頭まで一直線になるような姿勢を保つ

4
10回繰り返した後に左右の脚を入れ替える

Check Point!

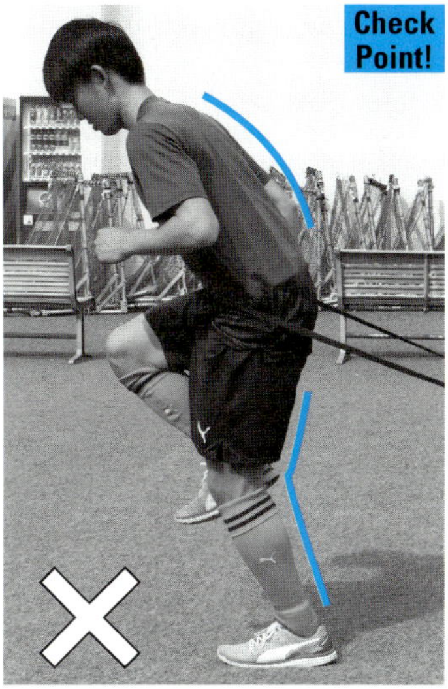

股関節を屈曲する際、背中が丸くなったり軸脚の膝が曲がったりしないように注意する

5 左右の脚を入れ替えたら、反対側の脚で同じように10回行う

38 ハーネス ウォーク ラン

Harness Walk-Run

ハーネスを使用して走動作を改善させるためのエクササイズ

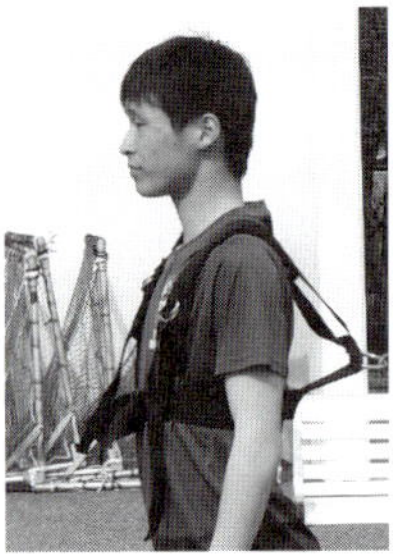

トレーニングを始める前に、ハーネスを正しく装着する

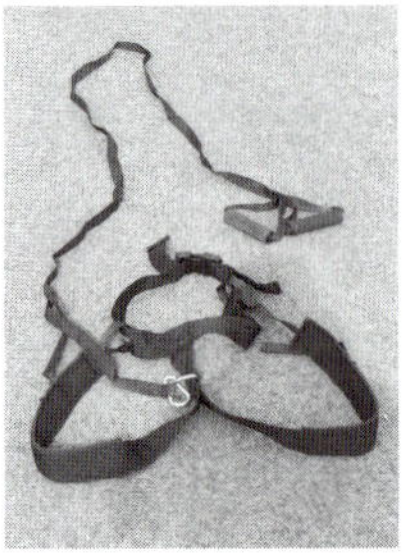

このトレーニングで使用している専用のハーネス

1 ハーネスを装着し、サポート選手はロープがたるまないようにする

2 膝をしっかりと引き上げて、歩行動作を行う。腕は自然に振り、軸脚の臀筋の収縮を意識する。サポート選手は膝が引き上がる際にハーネスを引っ張って抵抗をかける

How to

方法とポイントの解説

専用のハーネスを装着し、サポート選手に引っ張ってもらいながら、しっかりと膝を引き上げてウォーキングおよびランニングを行うことで、走動作を改善させる。腕を振り、軸脚の臀筋の収縮を意識することがポイントになる。背中を丸めたり、軸脚の膝を曲げたりしないように注意する。

時間・回数の目安
➔ウォーク、ラン 各10m×2回

3 引き上げた脚を地面に下ろす

4 反対の脚でも同様に行い、ニーアップウォークを10m行う

5 ニーアップウォークで10m進んだら、ランニング動作へ移行する。サポート選手はハーネスを引っ張って抵抗をかける

6 リズミカルに脚を入れ替えて、ランニングで10m進む。その際、膝を引き上げると同時に軸脚で地面を押すように意識する

Check Point!

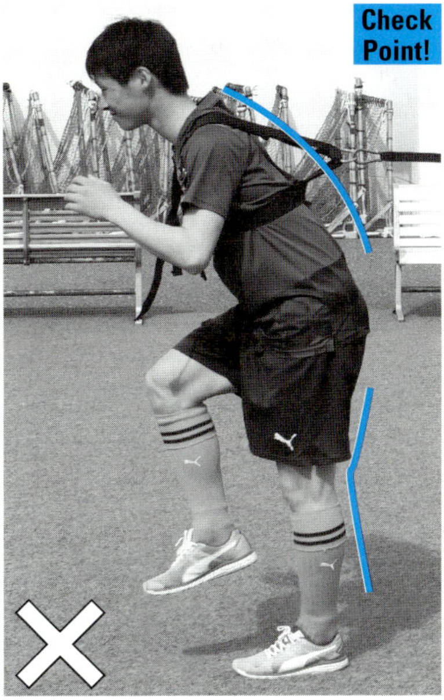

背中が丸まったり軸脚の膝が曲がったりしないようにする（頭から足までが一直線になるように意識する）

39 ラテラル スクワット レジステッド

Lateral Squat Resisted

側方移動の動作を改善させるためのエクササイズ

Different Angle 横からのアングル

1 骨盤にチューブをかけて横からサポート選手が引っ張る。胸郭を広げて腕を前に伸ばす（P76-77「ラテラルスクワット」の開始姿勢）

2 重心を側方に移動してラテラルスクワットを行う。しゃがむ際、股関節の屈曲と胸椎の伸展を同時に起こして体幹部を安定させる

How to

方法とポイントの解説

骨盤にかけたチューブをサポート選手に横から引っ張ってもらいながらラテラルスクワットを行うことによって、側方移動の動作を改善させる。深くしゃがみ込む際に股関節の屈曲と胸椎の伸展を同時に起こすようにして、体幹部を安定させることがポイント。つま先と膝は正面に向ける。

時間・回数の目安

➔左右各10回×2回

3

低い姿勢を維持しながら反対側へ大きく重心を移動する

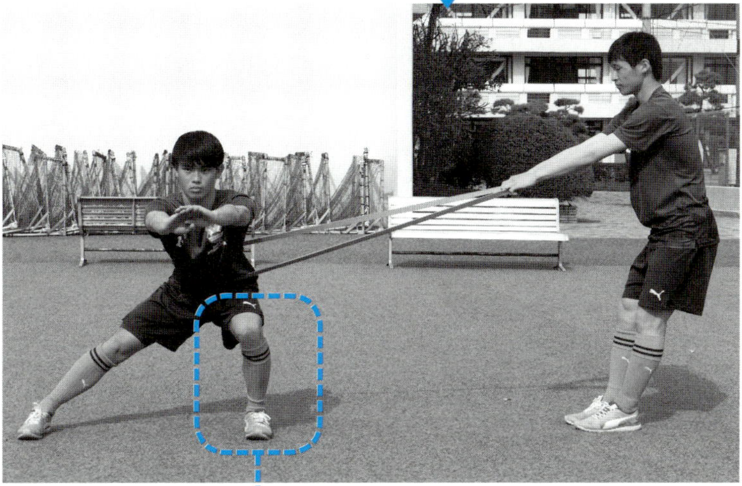

4

重心を移動した際にチューブの抵抗で動作が不安定にならないようにする。重心移動を10回行ったら反対側からチューブを引っ張り、同様に行う

つま先と膝を外側や内側に向けないようにする（つま先と膝は正面に向けた状態で行う）

背中が丸まったり身体が前に倒れたりしないようにする

40 チューブ サイド ウォーク

Tube side walk

側方移動の動作を改善させるためのエクササイズ

1

足関節部分と膝の上にチューブをかけて脚を肩幅に開いて立つ。胸郭を広げ、体幹部を安定させる

2 その姿勢を崩さずに進行方向の股関節を外転させ、横に踏み出す。進行方向と反対側の足で地面を押し、脚を開くように行う

3

横に一歩進んだら、進行方向と反対側の脚を閉じて元の姿勢に戻る

How to

方法とポイントの解説

足関節部分と膝の上にそれぞれチューブをかけた状態で、股関節を外転させて横に進む動作をすることによって、側方移動の動作を改善させる。横に移動する際は進行方向と反対側の足で地面を押し、脚を開くように行う。体幹部をしっかり安定させた状態で行うことがポイントになる。

時間・回数の目安

➔ 左右各5m×2往復×2回

4 体幹部を安定させた状態のまま、この動作を繰り返して側方へ5m進む

5 5m進んだら、同じように反対側も5m側方へ進む

Check Point!

側方へ移動する際、身体が横に倒れないようにする（体幹部をしっかり安定させた状態で行う）

41 チューブ サイド ウォーク スクワット

Tube Side Walk Squat

側方移動の動作とスクワット動作を改善させるためのエクササイズ

1 足関節部と膝の上にチューブをかけて両脚を肩幅に開いて立つ

2 チューブサイドウォークと同様に体幹部を安定させたまま横に踏み出し、腕を前に伸ばして胸郭を広げる

3 その姿勢を崩さないように深くしゃがみ込む

How to

方法とポイントの解説

「チューブサイドウォーク（P102）」と同じ動作をする中で、両腕を前に伸ばしたまま深くしゃがみ込むことによって、側方移動の動作とスクワット動作を改善させる。両腕を伸ばしてしゃがむ際、身体が前に倒れないようにすることと、背中を丸めないように行うことがポイントになる。

時間・回数の目安

➔5m×2往復×2回

4

しゃがんだ後に立ち上がり、進行方向と反対の脚を閉じて開始姿勢に戻る

5

この動作を繰り返して同じ方向へ5m進んだ後、反対側も同じように5m進む

Different Angle 横からのアングル

背中が丸まらないように注意する

しゃがんだ際に身体が前に倒れないようにする

42 ハーフ ニーリング ロータリー トルソー

Half Kneeling Rotary Trso

バーを使用して回旋動作を改善させるためのエクササイズ

1 片膝立ちの状態でバーを担ぐ。重心を前脚の股関節に乗せ、後脚の臀筋を収縮させる

2 胸郭を広げて体幹部を安定させ、上半身を前脚側に大きく回旋する。回旋する側の肩甲骨を斜め下に寄せるように行う

3

3秒間キープした後、元の姿勢に戻る。同じ動作を10回繰り返し、反対側も同様に10回行う

How to

方法とポイントの解説

片膝立ちの状態でバーを担ぎ、捻る側の肩甲骨を斜め下に寄せるように上半身を前脚側に大きく回旋することによって、回旋動作を改善させる。ポイントは、片膝立ちの姿勢をとる際に重心を前脚の股関節に乗せ、後脚の臀筋を収縮させること、立てた膝を正面に向けて行うことになる。

時間・回数の目安

➔左右各10回×2回

Different Angle 正面からのアングル（右回転）

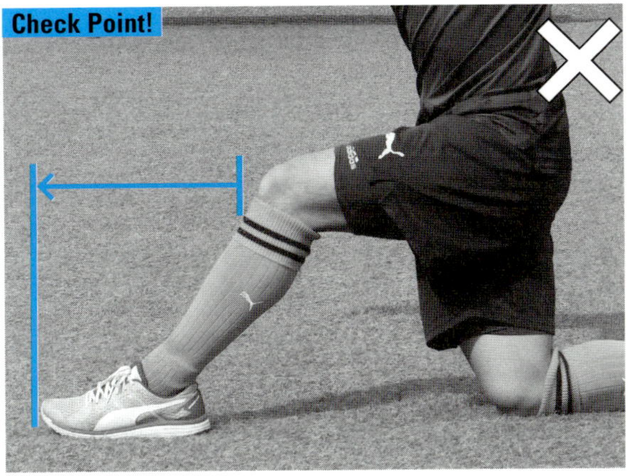

前脚の膝を後方へ引きすぎないようにする（重心が前脚の股関節に乗るように意識する）

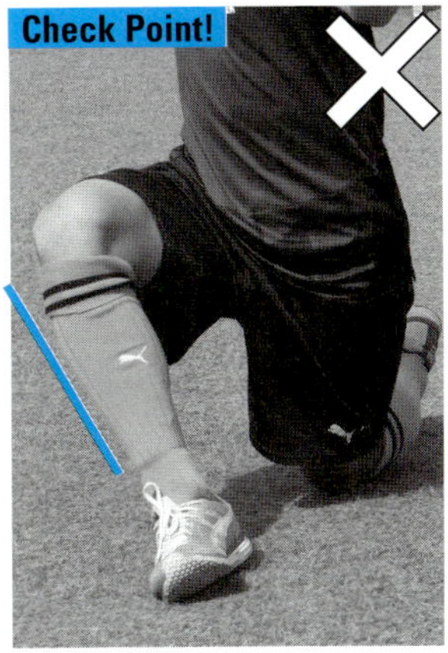

回旋する際、膝が外側に開かないように注意する

43 ローテーショナル ロウ

Rotational Row

チューブを使用して回旋動作を改善させるためのエクササイズ

1

脚を前後に開いて膝立ちし、左手でチューブをつかむ。もう一方のチューブをサポート選手に足で押さえてもらう

2

脇を締めて左手でチューブを引き、右脚で地面を押しながら回旋動作を行い、重心を左脚へ移動させていく

3

最後まで回旋動作を行い、重心を左脚へ移動させる。股関節から胸椎へ回旋動作を連動させるようにして行う

How to

トレーニングの手順

脚を前後に開いた状態からチューブをつかんで、前脚で地面を押しながら回旋動作を行い、重心を反対側の脚へ移動させることによって、回旋動作を改善させる。このエクササイズのポイントは、大きく回旋して重心を移動すること、回旋する側の脇を閉じるようにして行うことになる。

時間・回数の目安

➔左右各10回×2回

4

元の姿勢に戻ったら、同じ動作を10回繰り返す

5

左右の脚を入れ替えて、反対側も同様に10回行う

6

重心をしっかり移動させながら、回旋動作を行う

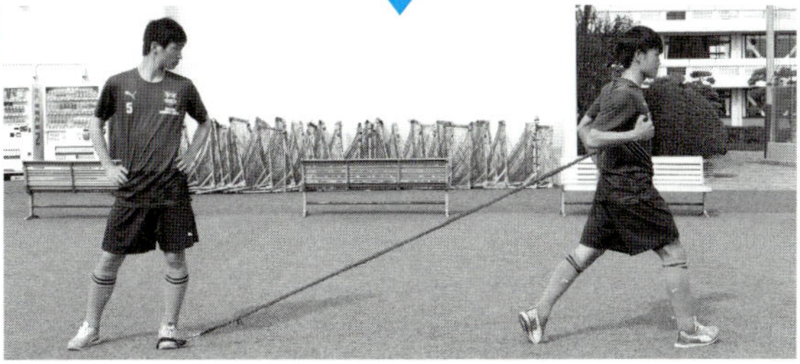

Check Point!

脇を開いてチューブを引かないように注意する

回旋する際には脇を閉じて、肩甲骨を斜め下に寄せるようにする

44 クロス オーバー スティック

Cross Over Stick

チューブを使用して回旋動作を改善させるためのエクササイズ

How to

方法とポイントの解説

足部にチューブをかけた状態でしゃがみ込み、軸脚側の胸郭を開きながら起き上がって軸脚の股関節を軸に反対側の膝を引きつける動作によって、回旋動作を改善させる。回旋動作の際に身体が開かないようにすることと、軸脚を真っ直ぐ伸ばして腰を反らせないことがポイント。

時間・回数の目安

➔左右各10回×2回

1 脚を肩幅に広げて立ち、足部にチューブをかける。チューブの反対側は動かないように押さえる

2 両膝を曲げて腰を沈め、背中が丸まらないようにスクワット姿勢をとる

3 軸脚側の胸郭を大きく開きながら起き上がり、重心を軸脚に乗せていく

4 軸脚の股関節を回旋させながら反対側の膝を引きつける。身体が開かないように注意する。

5

引きつけた脚を
元に戻す

6

元の姿勢に戻ったら同じ動作を10回繰り返す。反対側も同様に10回繰り返す

Check Point!

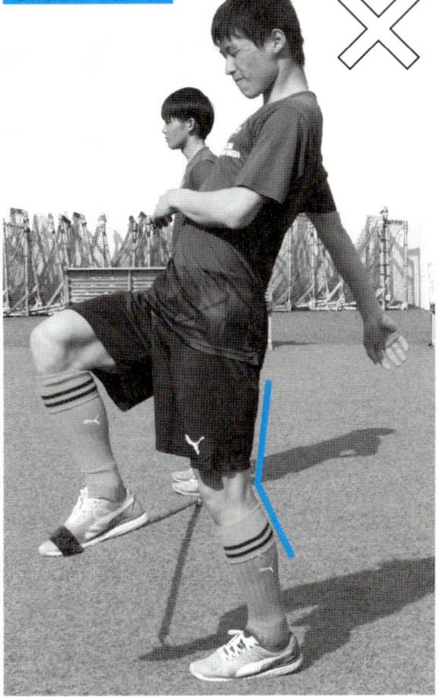

軸脚の膝が曲がったり、腰を反らせたりしないように注意する

Check Point!

膝を引きつける際、背中が丸まらないように注意する

45 シングル レッグ ヒップ アブダクション

Single Leg Hip Abduction

片脚時の股関節周囲筋の機能を改善させるためのエクササイズ

1 膝の上にチューブをかけて、スクワットの姿勢をとる

2 姿勢を崩さずに片脚でバランスをとりながら、反対側の脚を浮かせる

3 バランスを崩さずに浮かせた脚の股関節を大きく外転させる

How to

方法とポイントの解説

膝の上にチューブをかけて、片脚でバランスをとりながら反対側の脚を浮かせて股関節を大きく外転させる動作によって、片脚時の股関節周囲筋の機能を改善させる。ポイントは、脚を浮かせて股関節を大きく外転させる際に身体を傾けないことと、背中を丸めないことになる。

時間・回数の目安

➔左右各10回×2回

4 ゆっくり脚を戻して同じ動作を10回繰り返す

5 反対の脚でも同様に行う

6 股関節を大きく外転させ、同じ動作を10回繰り返す

Check Point!

背中を丸めて行わないように注意する

Check Point!

股関節を外転する際、身体が傾かないように注意する

46 シングル レッグ バック リーチ

Single Leg Back Reach

片脚時の股関節周囲筋の機能を改善させるためのエクササイズ

1 足関節部分にチューブをかけて立つ

2 背筋を伸ばし、軸脚を少しずつ曲げながらもう一方の脚を後方へ伸ばしていく

3 片脚スクワットを行いながら、もう一方の脚をできるだけ後方へ伸ばす。頭から足まで一直線にする

How to

方法とポイントの解説

足関節にチューブをかけ、片脚でスクワットを行いながら片方の脚をできるだけ後方へ伸ばす動作をすることで、片脚時の股関節周囲筋の機能を改善させる。脚を後方に伸ばす際は頭から足までを一直線にした姿勢をとることがポイント。背中を丸めたり、身体を前に倒しすぎたりしないように行う。

時間・回数の目安

➔左右各10回×2回

4

伸ばした脚を少しずつ戻していく

5

元の姿勢に戻ったら同じ動作を10回繰り返す。反対側も同様に10回行う

Check Point!

軸脚の膝とつま先が外側に向かないようにする（股関節に体重を乗せるように膝とつま先を正面に向ける）

Check Point!

脚を後方に伸ばす際、背中が丸まったり前傾しすぎたりしないように行う

47 ハーキー

Hurkey

パワーポジションの安定性を改善させるためのエクササイズ

1

膝の上にチューブをかけて立つ

2

胸郭を広げてスクワット姿勢をとり、体幹部を安定させる

3

スクワット姿勢をキープしたまま、左右交互に膝を素早く引きつける

How to

方法とポイントの解説

膝の上にチューブをかけて、スクワット姿勢をキープしたまま、左右交互に素早くステップを踏み続けることによって、パワーポジションの安定性を改善させる。このエクササイズのポイントは、ステップを踏み続ける間は重心を低くキープすること、身体を傾けないことになる。

時間・回数の目安
➔30秒×2回

Different Angle 横からのアングル

ステップを踏んでいる間は背筋を伸ばし、重心が低い状態をキープして行う

4 30秒間にわたって左右交互に素早くステップを踏み続ける

Check Point!

ステップを踏んでいる間は重心(臀部)が上がらないように注意する

Check Point!

膝を引きつける際、臀部を持ち上げて身体が傾かないようにする

COLUMN 3

有酸素性能力向上のトレーニング

有酸素性能力向上のトレーニングは、低強度有酸素性トレーニング、中強度有酸素性トレーニング、高強度有酸素性トレーニングという３つに分類されます。

低強度有酸素性トレーニングは、主に疲労回復などに用いられ、毛細血管密度の増加、筋内血流量の増加、酸化系の代謝能力の改善に加え、低い運動強度での運動時における脂質の代謝効率を上げてエネルギー消費を抑える効果もあります。中強度有酸素性トレーニングは、高強度運動からの素早い回復能力の向上を目的とし、血しょうの増加を促し、酸化酵素や解糖系酵素を活性化させ、最大値での運動をしやすくします。

一方、高強度有酸素性トレーニングは、長時間にわたって高強度の運動を行う能力を向上させることを目的とし、最大酸素摂取量の増大（呼吸循環器の酸素運搬能力と筋の酸素利用効率向上）という効果があります。ただし、運動強度を高く設定しすぎると、無酸素性エネルギー供給が活性化され、強度を維持できずに本来の効果が得られなくってしまうので、注意が必要です。

有酸素性運動の強度による分類

	有酸素低強度	有酸素中強度	有酸素高強度
最大心拍数%	50% ～ 80% （AV=65%）	70% ～ 90% （AV=80%）	80% ～ 100% （AV=90%）
最大酸素摂取量%	55% ～ 75%	75% ～ 90%	90% ～ 100%
血中乳酸濃度	2～3.5ミリモル	3.5～5ミリモル	5～8ミリモル
ランニングプログラム	Low power training 回復走	OBLA 走 ペース走	ロングインターバル
設定持続時間（休息時間）	10分～2時間	30分前後	3～5分 （休息2分-3分）
主観的な運動強度	楽だなと感じる	少しきついと感じる	

PART 4

Core Stability Training

コア スタビリティ
トレーニング編

48 デッドバグフラッターキック

Dead Bug Flutter Kick

ペアになって、股関節の屈曲と伸展動作での体幹の安定性を向上させるためのエクササイズ

How to

方法とポイントの解説

仰向けの状態で両脚を垂直に上げ、サポート選手に片方の足底を押えてもらった状態でその脚を入れ替えることによって、体幹部前面の筋力強化と安定性を向上させる。両膝を曲げずに真っ直ぐ伸ばした状態で行うこと、腰椎を過度に反らせないで行うことがポイントになる。

時間・回数の目安

➔左右各10回×2回

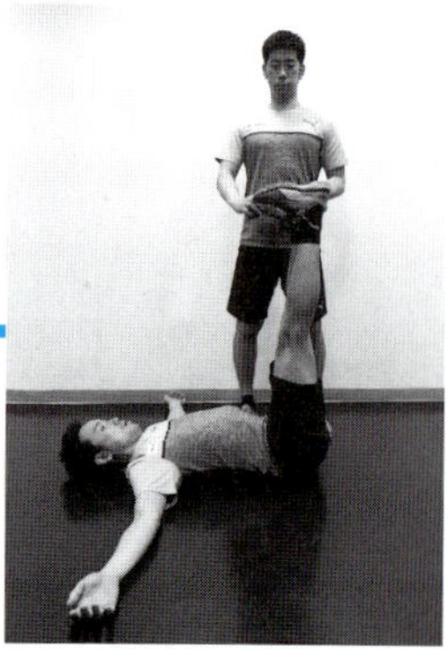

1 両手を広げて仰向けになり、体幹を安定させて両脚を垂直に上げる。サポート選手は足底から押さえるように片足を持つ

2 開いた胸郭が閉じないようにして、片脚をゆっくり下ろしていく

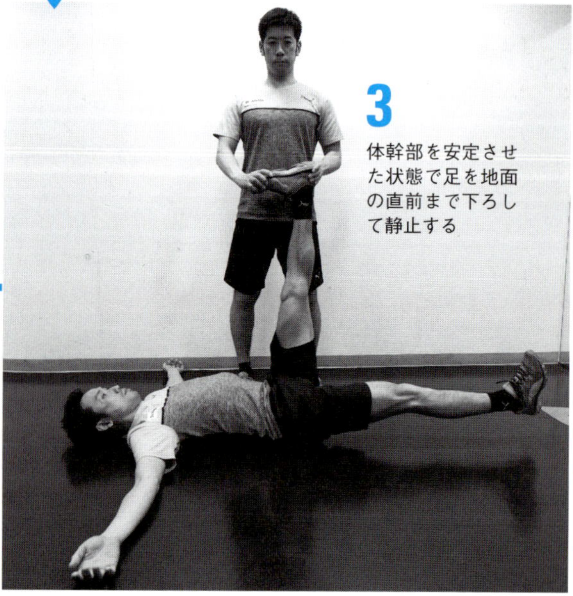

3 体幹部を安定させた状態で足を地面の直前まで下ろして静止する

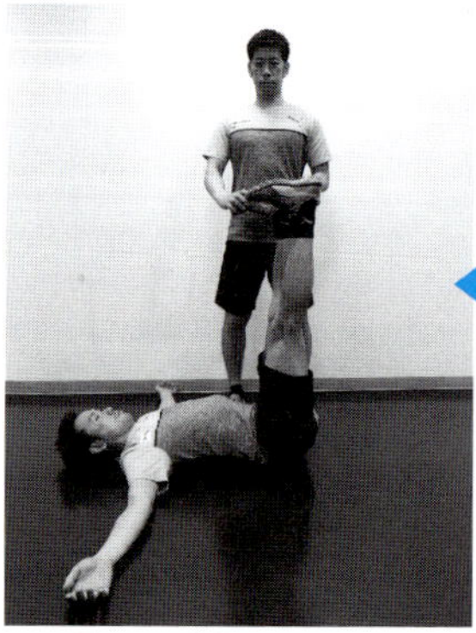

4 この動作を10回繰り返したら、反対側も同様に10回行う

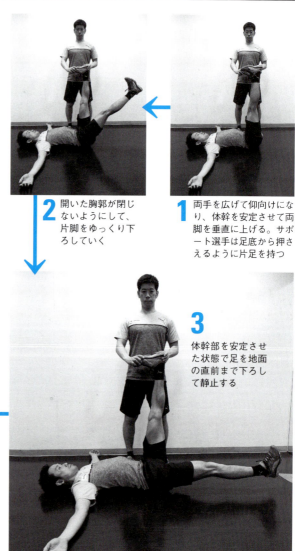

Additional Menu ●応用エクササイズ

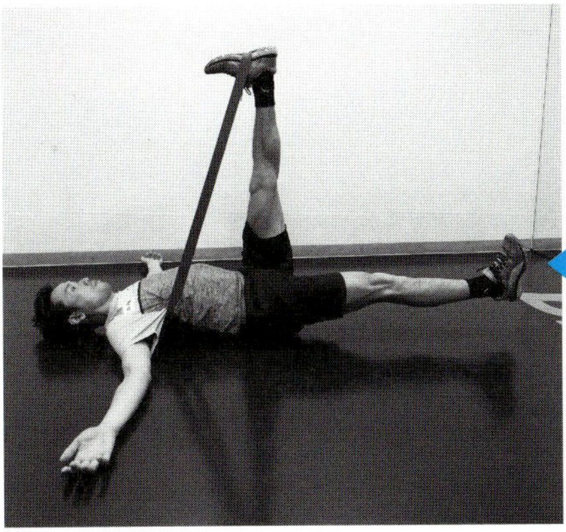

長めのチューブがある場合、背部と足底部にチューブをかけて行う

サポート選手がいる中で安定してできるようになったら、サポート選手なしで行う

胸郭が閉じたり、腰椎を過度に反らせたりしないように注意する

どちらの膝も曲がらないように注意する
(両膝を真っ直ぐ伸ばした状態で行う)

49 ハーフ デッド バグ

Half Dead Bug

腹筋群とコアを機能させ、股関節の屈曲と伸展動作での体幹の安定性を向上させるためのエクササイズ

1 両手を広げて仰向けになり、体幹部を安定させた状態で股関節と膝関節を90度に屈曲する

2 開いた胸郭が閉じないようにして、片脚をゆっくり伸ばしていく

3 体幹部を安定させた状態で、足を地面の直前まで伸ばして3秒間静止する

How to

方法とポイントの解説

仰向けで股関節と膝関節を90度に曲げ、片方の脚をゆっくり伸ばして、かかとが地面の直前に近づいたら3秒間静止する動作を行うことによって、体幹部前面の筋力強化と安定性を向上させる。胸郭を開いたまま行うこと、腰を反らせすぎないこと、伸ばした脚を曲げないことがポイントになる。

時間・回数の目安

➔ **左右交互10回×2回**

4 胸郭を閉じないように、ゆっくり元の姿勢に戻る

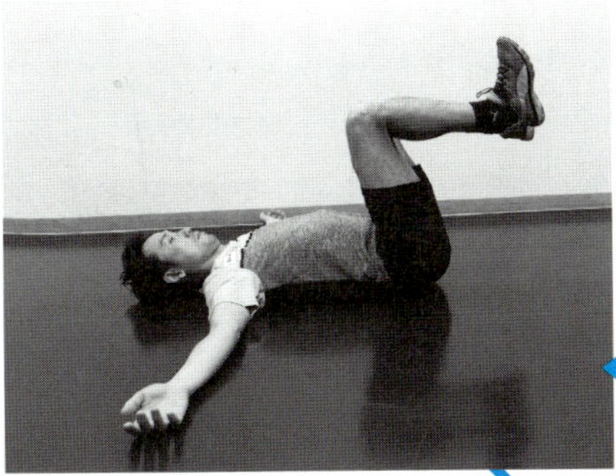

5 元の姿勢に戻ったら、反対側の脚でも同様に行う

6 体幹部を安定させた状態で脚を伸ばしていくようにする

7 この動作を左右交互に10回繰り返す

Check Point!

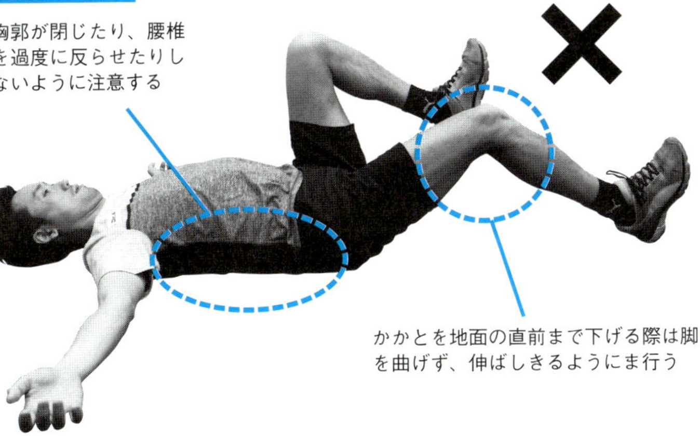

胸郭が閉じたり、腰椎を過度に反らせたりしないように注意する

かかとを地面の直前まで下げる際は脚を曲げず、伸ばしきるようにま行う

50 スパイン トランク カール

Supine Trunk Curl

仰向けで両膝を曲げ、股関節の屈曲と伸展動作での体幹の安定性を向上させるためのエクササイズ

1 仰向けに寝て両手を広げ、胸郭を広げる。体幹部を安定させた状態で股関節と膝関節を90度屈曲する

2 開いた胸郭が閉じないようにしたまま、両脚を揃えてゆっくり伸ばしていく

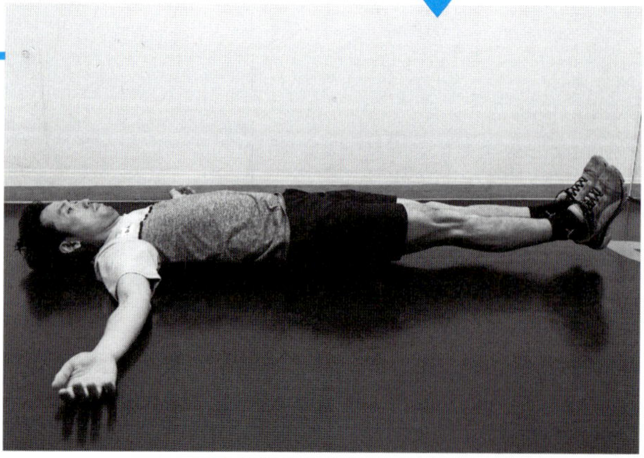

3 体幹部を安定させた状態で脚を地面の直前まで伸ばし、3秒間静止する

How to

方法とポイントの解説

仰向けで股関節と膝関節を90度に曲げた状態から、両脚を揃えたままゆっくり伸ばして両方のかかとが地面の直前に近づいたら3秒間静止する動作によって、体幹部前面の筋力強化と安定性を向上させる。胸郭を広げたまま行うことと、伸ばした脚の膝を曲げないことがポイントになる。

時間・回数の目安

➔10回×2回

4

胸郭を閉じないように、ゆっくり元の姿勢に戻る

5

元の姿勢に戻ったら、同じ動作を10回繰り返す

Check Point!

胸郭が閉じたり、腰椎を過度に反らせたりしないように注意する

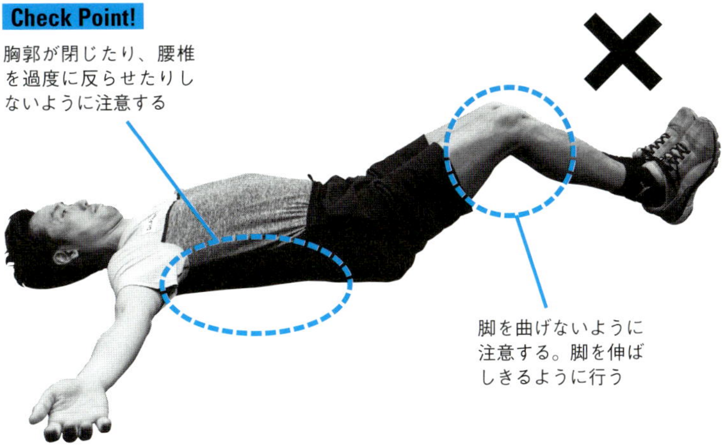

脚を曲げないように注意する。脚を伸ばしきるように行う

51 グルタス ブリッジ ニー エクステンション

Gluteus Bridge Knee Extension

臀筋群とコアを機能させ、股関節の伸展動作での体幹の安定性を向上させるためのエクササイズ

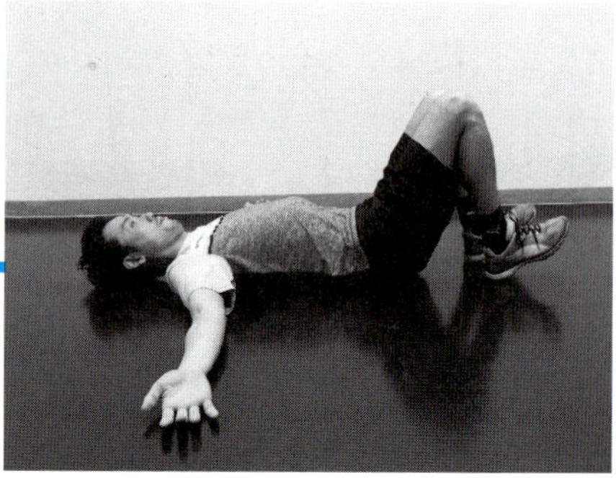

1 仰向けに寝て両手を広げ、胸郭を広げる。両脚を曲げて、かかとを接地する

2 体幹部を安定させた状態で肩とかかとを支点にし、臀部を持ち上げる。肩から膝までを一直線にする。

3 その姿勢を維持したまま、片方の脚を伸ばして3秒間キープする

How to

方法とポイントの解説

仰向けの状態から肩とかかとを支点にして臀部を持ち上げ、その姿勢のまま片方の脚を伸ばして静止する動作を行うことによって、臀筋群の活性化と体幹部後面の安定性を向上させる。臀部を持ち上げる際に肩から膝までが一直線になるような姿勢のまま行うことがポイントになる。

時間・回数の目安

➔ 左右交互10回 ×2回

4 3秒間キープした後、ゆっくり元の姿勢に戻る。

5 反対側の脚も同様に行い、左右交互に10回繰り返す

Additional Menu ●応用エクササイズ

1 膝の上にチューブを巻いて行う。左右の膝が内側に入らないように行う

2 膝を伸ばした際もチューブの抵抗に負けないように膝の位置を固定する

伸ばした側の骨盤が回旋したり、臀部が落ちたりしないように注意する

膝を曲げないように注意する
(膝はしっかり伸ばす)

52 グルタス ブリッジ マーチング

Gluteus Bridge Marching

臀筋群とコアを機能させ、股関節の屈曲と伸展動作での体幹の安定性を向上させるためのエクササイズ

1 仰向けに寝て両手を広げ、胸郭を広げる。両脚を曲げてかかとを接地する

2 体幹部を安定させた状態で肩とかかとを支点にし、臀部を持ち上げる。肩から膝までを一直線にする

3 脚を曲げたまま片方の膝をできるだけ胸に引きつけ、3秒間キープする

How to

方法とポイントの解説

仰向けで肩とかかとを支点にして臀部を持ち上げ、片方の膝をできるだけ胸に引きつけて静止する動作を行うことによって、臀筋群の活性化と体幹部後面の安定性を向上させる。臀部を持ち上げる際は肩から膝までを一直線にすること、骨盤を回旋させずに膝を胸に近づけることがポイント。

時間・回数の目安

➔左右交互10回×2回

4 3秒間キープした後、ゆっくり元の姿勢に戻る

5 反対側の脚でも同様に行い、左右交互に10回繰り返す

Check Point!

膝を引きつける際、骨盤が回旋したり、臀部が落ちたりしないように注意する

53 ヒップ エクステンション ウィズ ニー ドライブ

Hip Extension with Knee Drive

股関節の屈曲と伸展動作での体幹の安定性を向上させるためのエクササイズ

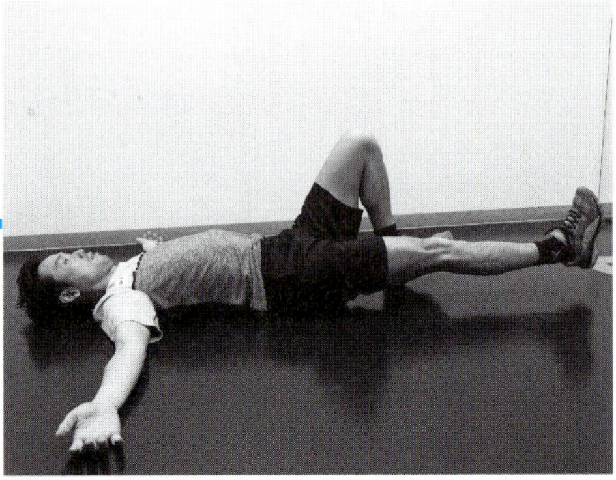

1 仰向けに寝て両手を広げ、胸郭を広げる。片方の脚を曲げてかかとを接地し、もう片方の脚は地面に浮かせた状態で伸ばす

2 肩と片脚のかかとを支点に臀部を持ち上げながら、伸ばした脚を引きつける

3 肩から膝までが一直線になるまで臀部を持ち上げると同時に、もう片方の膝を胸にできるだけ引きつける

How to

方法とポイントの解説

仰向けで片方の脚を曲げてかかとを地面につけ、もう片方の脚を浮かせた状態で伸ばした姿勢から、臀部を持ち上げながら片方の膝を胸に引きつけて静止する動作によって、臀筋群の強化と体幹部後面の安定性を向上させる。肩から膝までが一直線になるような意識で行うことがポイント。

時間・回数の目安

➔ 左右各10回×2回

4

ゆっくり元の姿勢に戻る

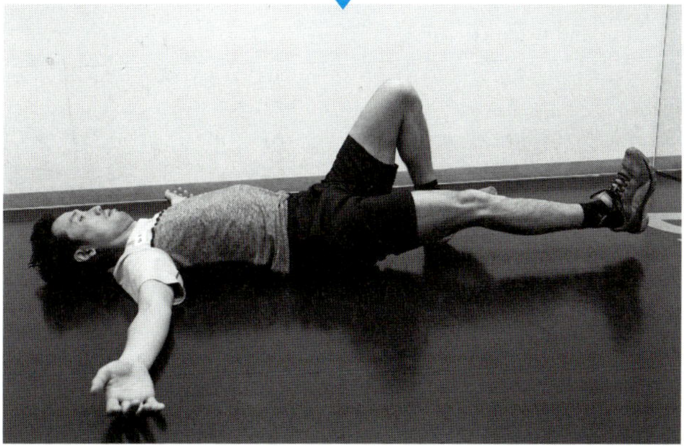

5

同じ動作を10回繰り返し、反対側の脚でも同様に行う

Check Point!

膝を引きつける際、臀部が落ちないように注意する（軸脚側の肩と膝が一直線になるように意識する）

54 クアドロペド スイッチ アームズ

Quadruped Switch Arms

背部の筋群とコアを機能させ、肩関節の屈曲と伸展動作での体幹の安定性を向上させるためのエクササイズ

1 四つばいになって背筋を伸ばし、体幹部を安定させる

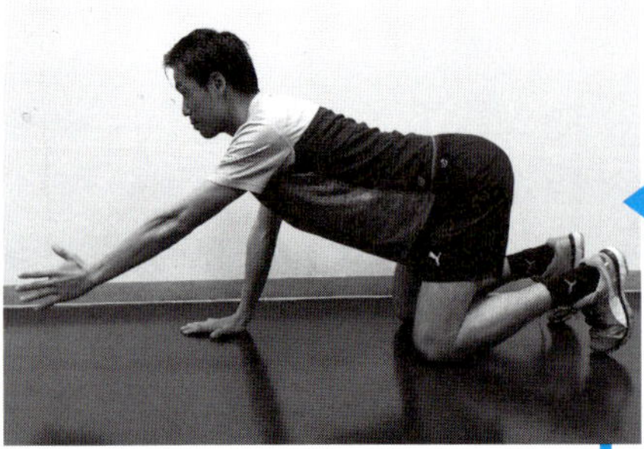

2 胸郭を広げながら、片方の腕を遠くに伸ばすように上げていく

3 腕を遠くへ伸ばし、3秒間キープする。その際、改めて体幹部を安定させるように意識する

How to

方法とポイントの解説

四つばいの姿勢で胸郭を広げ、そのままの姿勢で片方の腕を遠くに伸ばす動作を行うことによって、体幹部の安定性の向上と肩関節の可動性を改善させる。このエクササイズのポイントは、体幹部を安定させて行うこと、胸郭を広げたまま肘を曲げないこと、背中を丸めないことになる。

時間・回数の目安

➔ **左右交互10回 ×2回**

4 伸ばした腕を元の位置に戻す

5 元の姿勢に戻したら、反対側も同様に行う

6 この動作を左右交互に10回繰り返す

Check Point!

肘が曲がったり、背中を丸めたりしないように注意する

55 クアドロペド バック キック

Quadruped Back Kick

四つばいから片脚を上げ、肩関節の屈曲と伸展動作での体幹の安定性を向上させるためのエクササイズ

1 四つばいになって背筋を伸ばし、体幹部を安定させる

2 片方の脚を後方に伸ばしていく

3 体幹部を安定させたまま脚を後方にしっかり伸ばし、3秒間キープする

How to

方法とポイントの解説

四つばいの姿勢から片方の脚を後方に伸ばす動作を行うことによって、臀筋群の活性化と体幹部の安定性を向上させる。このエクササイズのポイントは、体幹部を安定させたまま脚を後ろに伸ばすこと、背中を丸めたり骨盤が回旋したりしないように行うことになる。

時間・回数の目安

➔ 左右交互10回×2回

4 3秒間キープしたら、ゆっくり脚を元の位置に戻す

5 反対側も同様に行い、左右交互に10回繰り返す

Additional Menu ●応用エクササイズ

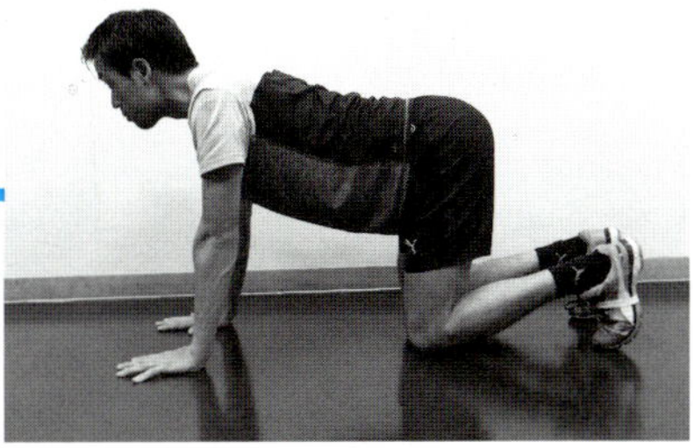

1 チューブを足部に巻いて、抵抗をかけた状態で行う

2 脚を後方へ伸ばした際、体幹部が不安定にならないように注意する

Check Point!

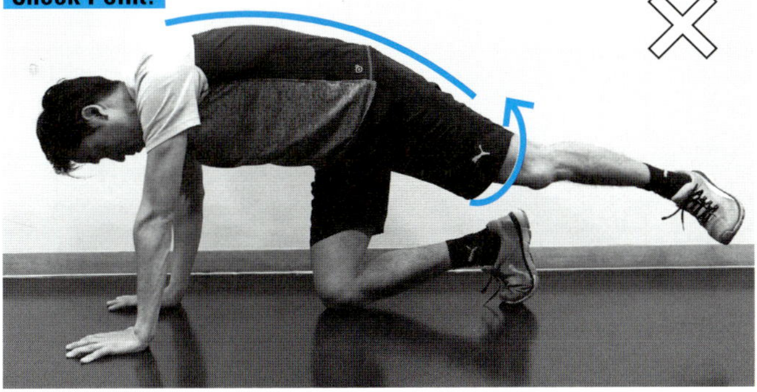

× 背中が丸まったり、骨盤が回旋したりしないように注意する

56 クアドロペド ダイアゴナル リーチ

Quadruped Diagonal Reach

四つばいから片腕と片脚を上げ、肩関節の屈曲と伸展動作での体幹の安定性を向上させるためのエクササイズ

1 四つばいになって背筋を伸ばし、体幹部を安定させる

2 胸郭を広げながら片方の腕を遠くに伸ばす

3 反対側の脚を後方に伸ばす。その際、指先から足までが一直線になるようにする

How to

方法とポイントの解説

四つばいの姿勢から片方の腕を前方遠くに伸ばし、その姿勢のまま反対側の脚を後方に伸ばして静止する動作をすることによって、体幹部の安定性向上と肩関節周囲筋群と臀筋群を協調させる。指先から足までを一直線にして体幹部を安定させて行うこと、伸ばした腕を曲げないことがポイント。

時間・回数の目安

➔ 左右交互10回×2回

4 その姿勢を3秒間キープしたら、元の姿勢に戻る

5 反対側も同様に行い、左右交互に10回繰り返す

Additional Menu ●応用エクササイズ

1
チューブを足部に巻いて、抵抗をかけて行う

2
体幹部を安定させて指先から足までが一直線になるように行う

Check Point!

伸ばした腕が曲がらないようにする。背中が丸まったり、伸ばした脚側の骨盤が回旋したりしないように注意する

57 プッシュ アップ ブリッジ ショルダー タップ

Push Up Bridge Shoulder Tap

腹筋群とコアを機能させて 体幹の安定性を向上させるためのエクササイズ

1 両手の幅を狭く、脚の幅を広めにして腕立て伏せの姿勢をとり、胸を張る

2 体幹部を安定させた状態で片方の手を地面から離す

3

反対側の肩を触り、3秒間キープする。その際、頭からかかとまでが一直線になるようにする

How to

方法とポイントの解説

腕立て伏せの姿勢から体幹部を安定させたまま片方の手を地面から離し、反対側の肩を触った姿勢を3秒間キープする動作によって、体幹部前面と肩関節の安定性を向上させる。頭からかかとまでが一直線になるような姿勢で行い、背中を丸めたり骨盤を回旋させたりしないことがポイント。

時間・回数の目安

➔ 左右交互10回×2回

4 3秒間静止したら、元の姿勢に戻る

5 反対側も同様に行い、左右交互に10回繰り返す

Different Angle 正面からのアングル

Check Point!

正面からのアングル

背中が丸まったり、骨盤が回旋したりしないように注意する

58 ハンド カート

Hand Cart

腹筋群、股関節内転筋群とコアを機能させて体幹の安定性を向上させるためのエクササイズ

1 両脚の足関節部をペアの選手が持ち、脚でペアの選手を挟むように意識する

2 ペアの選手が片方の手を放して3秒間キープ。ペアの選手から脚が離れて骨盤が回旋しないように体幹部を安定させる

3 反対側も同様に行い、左右交互に10回繰り返す。

4 10回繰り返したら、手押し車で前進する

How to

方法とポイントの解説

両脚をペアの選手に持ってもらい、手押し車のかたちで前進する動作を行うことによって、体幹部前面と肩関節の安定性を向上させる。このエクササイズのポイントは、脚を持ってもらう際にペアの選手を脚で挟むように意識することと、体幹部を安定させて前進することになる。

時間・回数の目安

➔10歩前進×2回

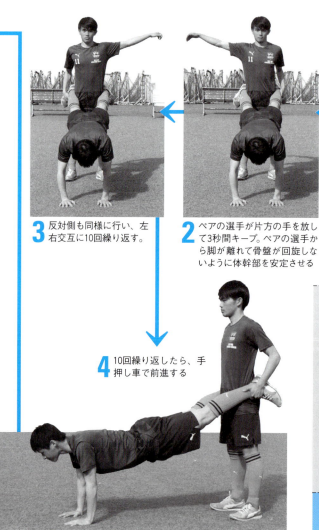

5 片方の手をゆっくりできるだけ大きく前に出して前進する

6 反対側も同様に行い、左右交互に手を前に出して10歩前進する

Check Point!

腰部を過度に反らせないように注意する

Check Point!

背中が丸まったり、臀部が上がりすぎて「く」の字になったりしないようにする

Check Point!

前進する際は臀部を左右に振らないように、体幹部を安定させて行う

59 フロントブリッジスライド

Front Bridge Slide

両肘とつま先で身体を支えた状態で足関節を背屈させ体幹の安定性を向上させるためのエクササイズ

1 背筋を伸ばし、両肘とつま先で身体を支える。その際、頭からかかとまでを一直線にする

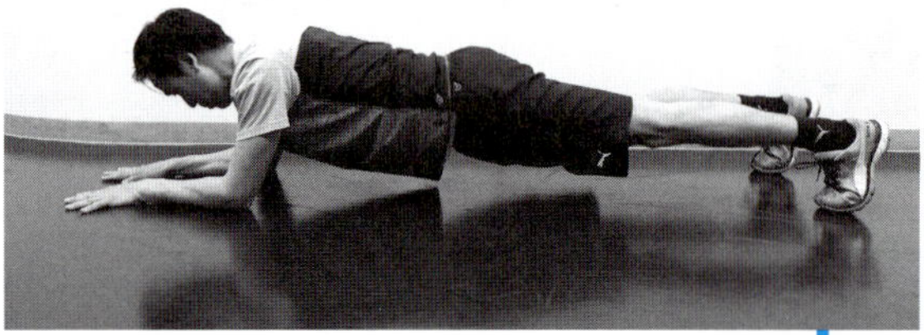

2 足関節を背屈させ、身体を下方にスライドしていく

3 できる限り下方にスライドしたら、その姿勢を3秒間キープする

How to

方法とポイントの解説

両肘とつま先で身体を支え、頭からかかとまでを一直線にしたまま足関節を背屈させて身体をできるだけ下方にスライドさせて静止する動作によって、体幹部前面の安定性を向上させる。後方にスライドする際、臀部が上がったり、下がりすぎて腰部を過度に反らせないように行うことがポイント。

時間・回数の目安
➔10回×2回

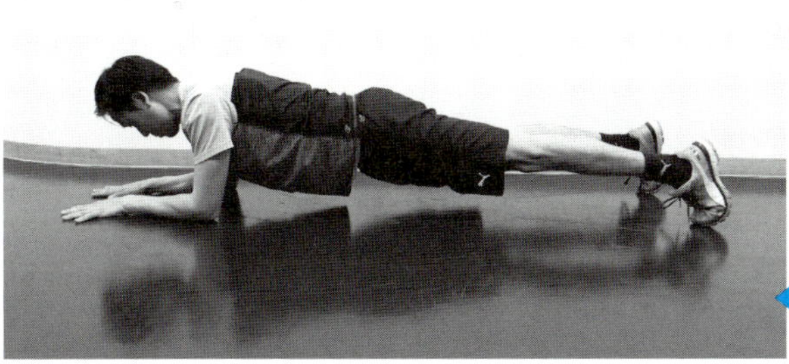

4

元の姿勢に戻したら、同じ動作を10回繰り返す

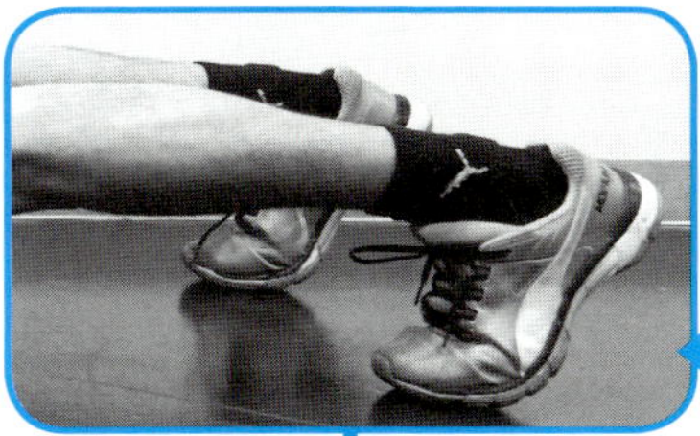

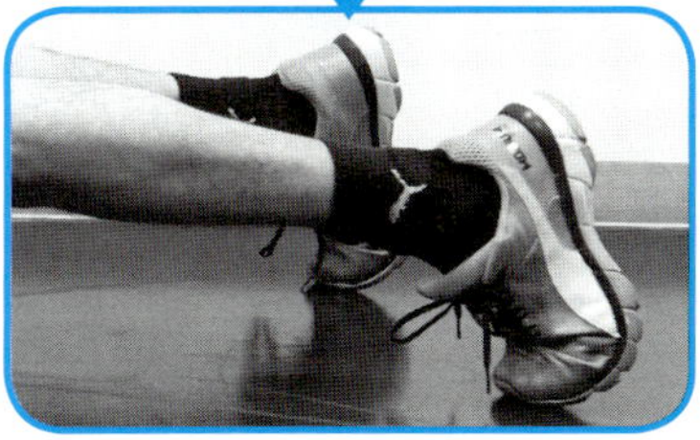

Different Angle 足関節の拡大アングル

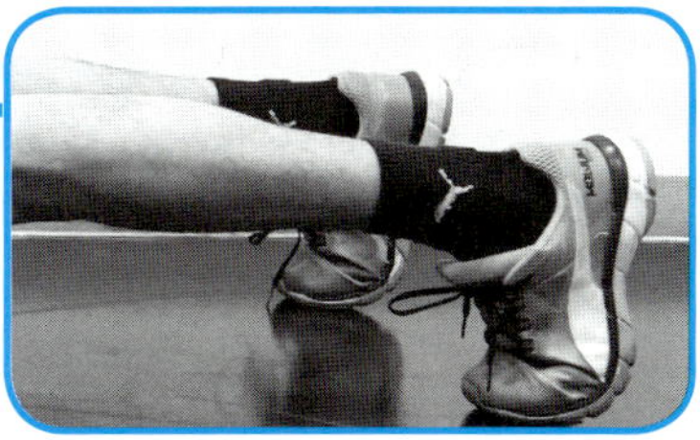

Check Point!

後方にスライドする際、臀部が上がったり背中が丸くなったりしないように注意する

Check Point!

腰部を過度に反らせないように注意する

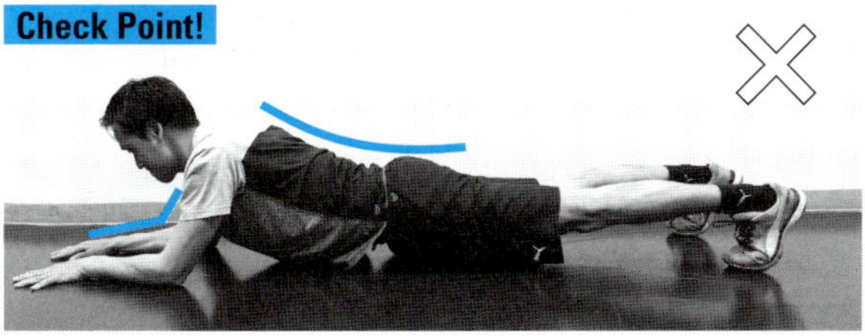

60 ニーリング サイド ブリッジ ヒップ アブダクション

Kneeling Side Bridge Hip Abduction

腹斜筋群、股関節外転筋群とコアを機能させて体幹の安定性を向上させるためのエクササイズ

1 胸郭を広げた状態で肘と膝の外側で身体を支え、上側の脚を地面から浮かせる

2 体幹部を安定させた状態のまま、上側の脚の股関節を外転させる

3 元の姿勢に戻り、同じ動作を10回繰り返す。反対側も同様に行う

How to

方法とポイントの解説

横向きの状態で肘と膝の外側で身体を支え、上側の脚を地面から浮かせて股関節を外転させる動作を行うことによって、肩関節、体幹部・股関節側面の安定性を向上させる。ポイントは、胸郭を広げた状態で行うこと、脚を上げる際に骨盤を回旋させないように行うことになる。

時間・回数の目安

➔ 左右各10回×2回

Additional Menu ●応用エクササイズ

1 チューブを膝の上にかけて、胸郭を広げた状態で肘と膝の外側で身体を支える

2 体幹部を安定させて股関節を外転させる。10回繰り返したら、反対側も同様に行う

Check Point!

正面からのアングル

胸郭が閉じて背中を丸めたり、骨盤を回旋させたりしないように注意する

61 サイド ヒップ レイズ

Side Hip Raise

肩甲骨間部の筋群と腹斜筋群の機能を向上させるためのエクササイズ

3 臀部を地面につかないようにギリギリまで落とし、再度持ち上げる。この動作を左右10回ずつ繰り返す

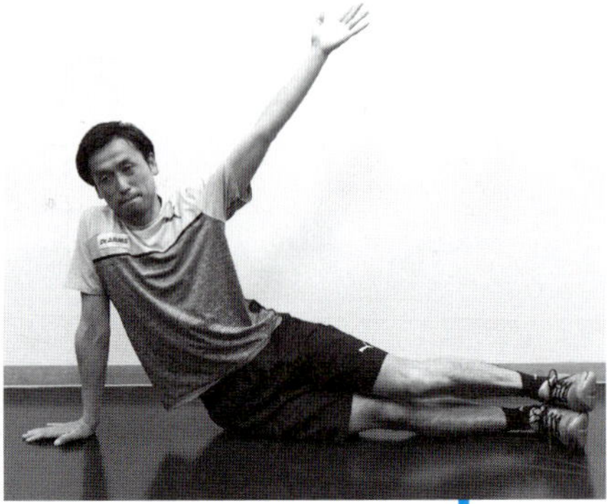

1 胸郭を広げた状態で腕を伸ばして手をつき、両脚を揃えて膝を伸ばし、脚の外側を地面につける

How to

方法とポイントの解説

横向きで片方の腕を伸ばして手を地面につき、両脚を揃えて脚の外側を地面につけた状態から、手と足の外側で身体を支えながら臀部を持ち上げる動作を繰り返すことによって、肩関節、体幹部、股関節側面の安定性を向上させる。胸郭を広げ、頭から足までを一直線にすることがポイント。

時間・回数の目安
➔左右各10回×2回

2 手と足の外側で身体を支えて臀部を持ち上げる。その際、頭から足までを一直線にする

1

同じ姿勢をとり、上側の脚の股関節を外転させる

2

上側の脚は外転させたまま臀部を持ち上げていく

3

頭から足までが一直線になるようにして、臀部を持ち上げる

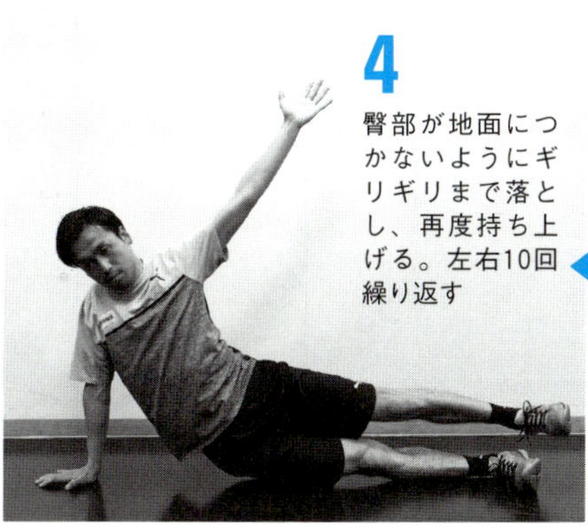

4

臀部が地面につかないようにギリギリまで落とし、再度持ち上げる。左右10回繰り返す

Check Point!

身体が「く」の字になったり、背中が丸くなったりしないように注意する

62 スプリット ブリッジ Tプル

Split Bridge T-pull

コアと腹斜筋群、股関節外転筋と内転筋群を強調させて体幹の安定性を向上させるためのエクササイズ

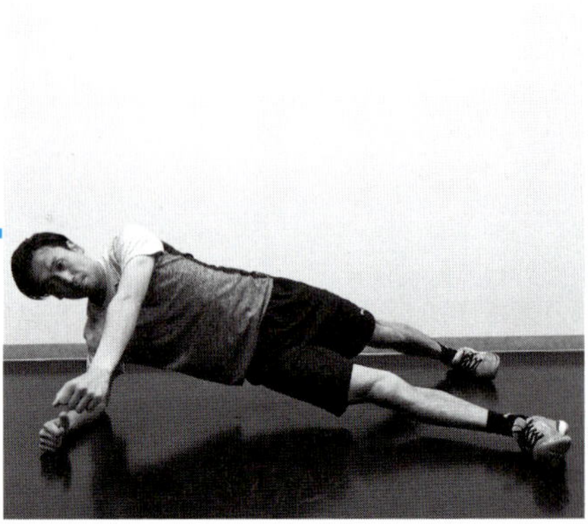

1 上側の脚を後方に、下側の脚を前方に出し、肘と足で身体を支える。腕は前に伸ばす

2 頭から足までが一直線になるようにした姿勢のまま、肩関節を水平伸展させる

3 胸郭を大きく広げ、できるだけ水平伸展させる。その際、骨盤が回旋しないように体幹部を安定させる

How to

方法とポイントの解説

上側の脚を後方に、下側の脚を前方に出して、肘と足で身体を支えて横向きの姿勢をとり、肩関節をできるだけ水平伸展させる動作によって、肩関節の安定性の向上、体幹部側面と内転筋群を協調させる。骨盤が回旋しないように体幹部を安定させて行うことが、ポイントになる。

時間・回数の目安

➔左右各10回×2回

4 腕をゆっくりと戻していく

5 この動作を左右10回ずつ繰り返す

Additional Menu ●応用エクササイズ

1 同じ姿勢をとり、上側の手でダンベルを持つ

2 ダンベルを持ったまま、体幹部を安定させた状態で肩関節の水平伸展動作を行い、これを繰り返す

Check Point!

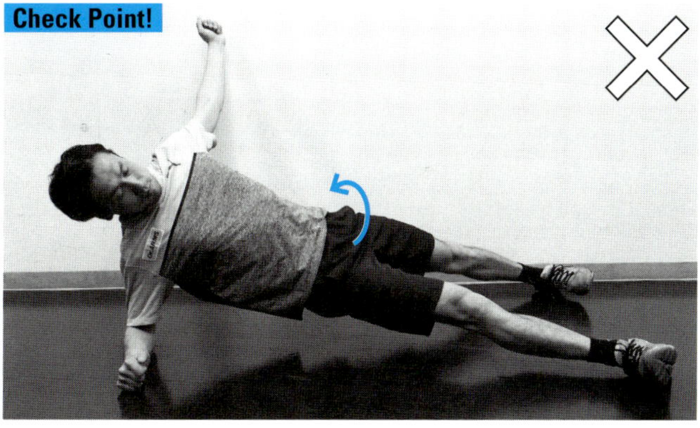

肩関節を水平伸展する際、骨盤を回旋させないように注意する

COLUMN 4

無酸素性能力向上のトレーニング

無酸素性能力向上のトレーニングは、スピード持久力トレーニングと、スピードトレーニングに分類され、前者はスピード持続力トレーニングとスピード維持力トレーニングに分けられます。スピード持久力トレーニングの目的は、主に疲労に耐えてパワーを持続的に発揮させ、高強度の運動から素早く回復する能力を向上させることにあります。

その中でもスピード持続力トレーニングは、短時間で最大パワーを発揮する能力を向上させることを、スピード維持力トレーニングは運動強度をできる限り高く維持する能力を向上させることを、それぞれの目的としています。

スピード持久力トレーニングは苦しさに耐えるなど精神面で自分を超えていくトレーニングと言えますが、過度なトレーニングは意欲の低下や極度の疲労を招き、選手がトレーニングに対する不快感を抱く恐れがあるので注意が必要です。オフシーズンでも週２回以上行うべきではなく、回復期間を設けて計画的に行うことが重要になります。

スピード持久力およびスピードトレーニングの分類

	スピード持久力		スピード
	スピード持続	スピード維持	
血中乳酸濃度	12ミリモル以上		
持続時間	30〜60秒	5〜15秒	5〜15秒
反復回数	4〜8セット		10〜30セット
休息時間	5〜10分	5〜15秒	1〜3分
運動：休息比	1:5〜1:10	1:1	1:4〜1:25

PART 5

Strength Training

ストレングストレーニング編

63 スタビリティ プッシュ アップ

Stability Push Up

体幹の安定性と上肢の筋力を向上させるためのトレーニング

1 脇を閉じた状態でうつ伏せになり、両方のつま先を地面につける

2 体幹部を安定させた状態で、臀部から持ち上げるように腕を伸ばしていく

3 腕を伸ばしたら、胸から地面につけるようにして元の姿勢に戻る。10回繰り返し、これを3～4回行う

How to

方法とポイントの解説

脇を閉じてうつ伏せになり、臀部から持ち上げるように腕を伸ばし、胸から地面につけるように元の姿勢に戻る動作を行うことによって、上肢の筋力を向上させる。身体を持ち上げる際、臀部から持ち上げるように腕を伸ばすことがポイントになる。動作中は頭からかかとまでを一直線にして行う。

時間・回数の目安

➔10回×3～4回

Check Point!

1 身体を持ち上げる際、肩から持ち上げないように注意する

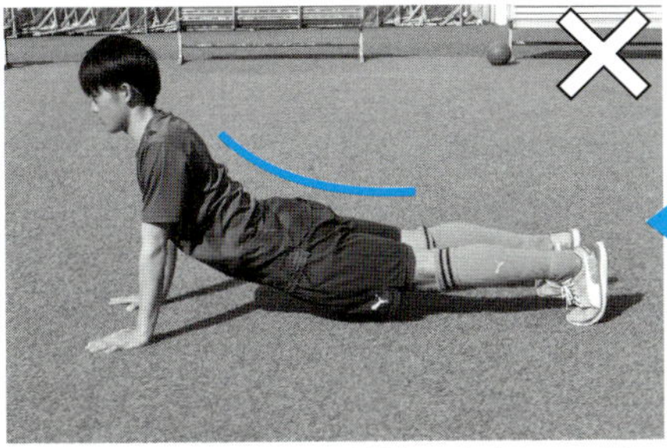

2 腕を伸ばす際、体幹部を安定させて腰部を過度に反らせないようにする（頭からかかとまでを一直線にする）

Check Point!

動作中は背中が丸まらないように注意する

Check Point!

肘が開いた状態で行わないように注意する

脇を閉じた状態で動作を行うようにする

64 ペア ストレングス プッシュ アップ

Pair Strength Push Up

ペアが抵抗をかけて上肢の筋力を向上させるためのトレーニング

1 脇を閉じた状態でうつ伏せに寝る。サポート選手が腰部に手を置き、抵抗をかける

2 臀部から持ち上げるように腕を伸ばしていく

3 抵抗に負けないように体幹部を安定させた状態で行う

How to

方法とポイントの解説

「スタビリティプッシュアップ」と同じ動作を行う中で、サポート選手に抵抗をかけてもらうことによって、上肢の筋力を向上させる。身体を持ち上げる際は腰部に、元の姿勢に戻す際は肩甲骨部分に、それぞれ抵抗をかけてもらう。頭から足までを一直線にして行うことがポイント。

時間・回数の目安
➔10回×3～4回

4 腕を伸ばしたら、サポート選手が肩甲骨部に抵抗をかける

5 抵抗に負けないように、ゆっくり元の姿勢に戻る

6 元の姿勢に戻ったら、同じ動作を10回繰り返す。これを3〜4回行う

Check Point!

身体を持ち上げる際、抵抗に負けて腰部を反らせないように注意する。常に頭から足までが一直線になるように行う

65 プル アップ

Pull Up

上肢と背部の筋力を向上させるためのトレーニング

1 スリングが動かないように固定する。スリングをつかんだ状態で腕を伸ばし、体幹部を安定させる

2 脇を閉じたまま身体を引き上げていき、胸郭を広げる

3 できるだけ大きく引き上げる。その際、肩に力が入らないように注意すること

How to

方法とポイントの解説

ゴールのバーなどにスリング（ロープ状の専用器具）をかけてつかみ、脇を閉じたまま身体を引き上げていき、胸郭を広げることによって、上肢と背部の筋力を向上させる。体幹部を安定させること、肩に力を入れないこと、胸郭を閉じて背中を丸めないことがポイントになる。

時間・回数の目安

➔10回×3～4回

4 体幹部を安定させたままゆっくり腕を伸ばしていく

5 元の姿勢に戻ったら、同じ動作を10回繰り返す。これを3〜4回行う

Check Point!

身体を引き上げる際、胸郭が閉じて背中が丸まらないように注意する

66 ショルダー プレス（ニーリング スタイル）

Shoulder Press (Kneeling Style)

脚を前後に開いて上肢の筋力を向上させるためのトレーニング

1

片膝立ちの状態で適度な重さのバーベルを担ぐ。重心は前脚の股関節に乗せ、大きく胸郭を広げる

2

体幹部を安定させた状態でバーベルを真上に持ち上げる

3

腕をしっかり伸ばす際は体幹部を安定させ、腰部を過度に反らせないように注意する

How to

方法とポイントの解説

片膝立ちの状態で適度な重さのバーベルを担ぎ、体幹部を安定させた状態でバーベルを持ち上げる動作を行うことによって、上肢の筋力を向上させる。このトレーニングのポイントは、重心を前脚の股関節に乗せて体幹部を安定させ、腰部を反らせすぎないことになる。

時間・回数の目安

➔ 左右各10回×2回

4
バーベルをゆっくり下ろして元に戻していく

5
胸郭を大きく広げながら元の姿勢に戻る。同じ動作を10回繰り返し、これを2回行う

Additional Menu ●器具がない場合のトレーニング

1 手の平を上に向け、サポート選手が上から抵抗をかける。その際、胸郭を大きく広げる

2 体幹部を安定させた状態で腕を真上に伸ばす

3 腕を伸ばしたら、元の姿勢までゆっくり戻す。同じ動作を10回繰り返す

Check Point!

バーベルを持ち上げる際は重心が後方に乗らないようにする。また、背中を丸めないように注意する

67 ペア ストレングス グルタス スクワット

Pair Strength Gluteus Squat

大殿筋とハムストリングの筋力を向上させるためのトレーニング

1 同じくらいの体重の選手とペアになり、相手を背負う。その際、胸郭を広げて体幹を安定させる

2 膝を少し曲げながら骨盤と大腿部で物を挟むようにして体幹を前傾させる。臀部を後方に引き、重心がかかとに乗るような意識で行う

3 臀部を高い位置にキープし、ハムストリングにストレッチがかかるように行う。その際、背中が丸まらないように胸郭をしっかり広げる

How to

方法とポイントの解説

同じくらいの体重の選手を背負った状態から、骨盤と大腿部で物を挟むようにして体幹を前傾させ、ゆっくり元の姿勢に戻す動作を行うことによって、大殿筋とハムストリングの筋力を向上させる。身体を前傾させる際、臀部を後方に引いてハムストリングにストレッチがかかるように行うことがポイントになる。

時間・回数の目安

➔10回×3～4回

4

体幹部を安定させた状態で、ゆっくり元の姿勢に戻る

5

元の姿勢に戻ったら、同じ動作を10回繰り返す。これを3〜4回行う

Check Point!

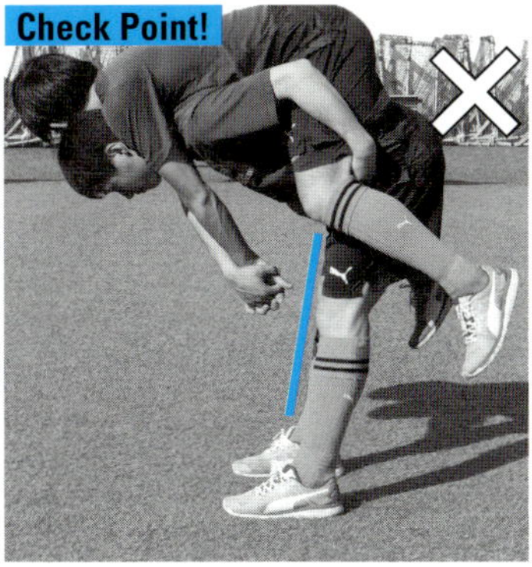

臀部を後方に引く際、膝を伸ばした状態で行わないように注意する

Check Point!

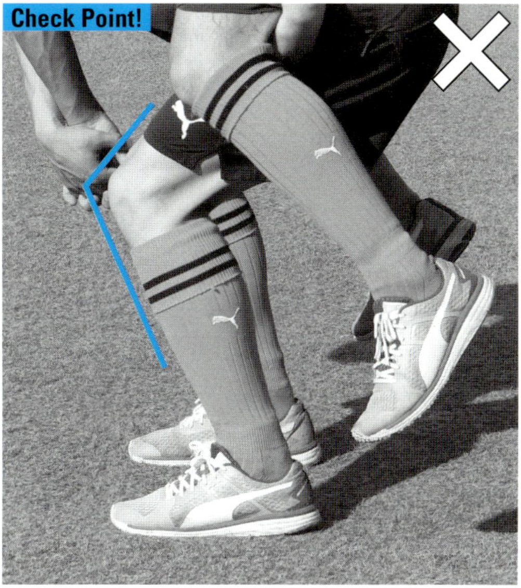

体幹を前傾する際、膝が足関節よりも前に出ないように注意する

68 ルーマニアン デッド リフト

Romanian Dead Lift

背部、大殿筋、ハムストリングの筋力を向上させるためのトレーニング

How to

方法とポイントの解説

バーベルを持った状態から、膝を少し曲げながら骨盤と大腿部で物を挟むように前傾することによって、背部、大殿筋、ハムストリングの筋力を向上させる。前傾する際、臀部を後方に引き、ハムストリングにストレッチがかかるようにして行うことがポイントになる。

時間・回数の目安
➔10回×3～4回

1 バーベルを持ち、胸郭を広げて体幹部を安定させる

2 膝を少し曲げながら骨盤と大腿部で物を挟むように体幹を前傾させる。臀部を後方に引き、重心をかかとに乗せるような意識で行う

3 臀部を高い位置にキープし、ハムストリングにストレッチがかかるように行う

4 体幹部は安定させた状態でゆっくり元の姿勢に戻る

5 元の姿勢に戻ったら、同じ動作を10回繰り返す。これを3～4回行う

Check Point!

体幹を前傾する際、背中が
丸まらないように注意する

膝は軽度屈曲位で、骨盤と大腿
部で物を挟むように体幹を前傾
する。背筋を伸ばしたまま臀部
を高い位置にキープする

Check Point!

体幹を前傾する際、膝が足関節よ
りも前に出ないように注意する

Check Point!

臀部を後方に引く際、膝が伸びた
状態で行わないように注意する

69 ペア ランジ スクワット

Pair Lunge Squat

臀筋群と下肢の筋力を向上させるためのトレーニング

1 同じくらいの体重の選手とペアになり、その選手を背負う

2 胸郭を広げて脚を前後に開き、前脚に重心を乗せる。後足のかかとは上げる

3 前脚の骨盤と大腿部で物を挟むように深くしゃがみ込む。しゃがみ込むに従って胸を張り、後ろ脚に重心が乗らないように注意する

How to

トレーニングの手順

　同じくらいの体重の選手を背負って、脚を前後に開いて重心を前脚に乗せた状態でしゃがむことによって、臀筋群と下肢の筋力を向上させる。このトレーニングのポイントは、膝とつま先の向きを同じ方向に合わせて行うこと、しゃがみ込むに従って胸を張ることになる。

時間・回数の目安

➔ 左右各10回×3～4回

4 前脚で地面を押して身体を持ち上げる

5 元の姿勢に戻したら、同じ動作を10回繰り返す。左右それぞれ3〜4回行う

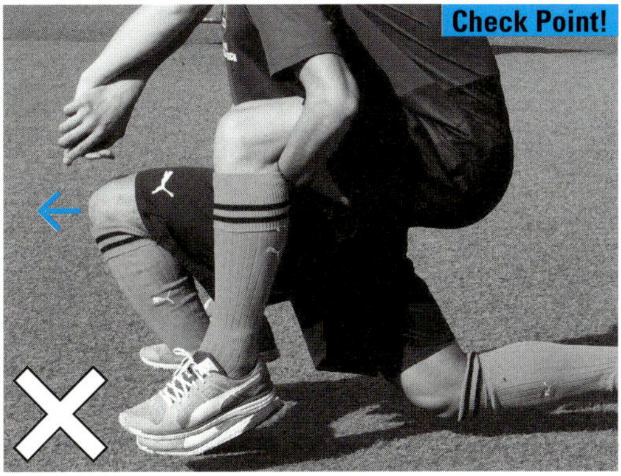

しゃがみ込む際、膝が前に出すぎないように注意する

Check Point!

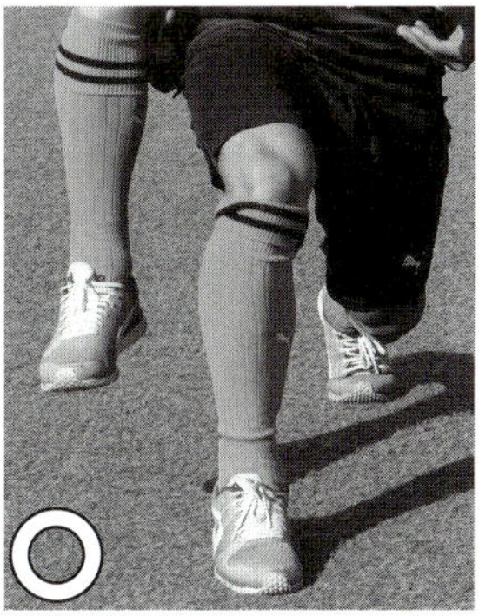

1 正しい姿勢では、膝とつま先を正面に向ける

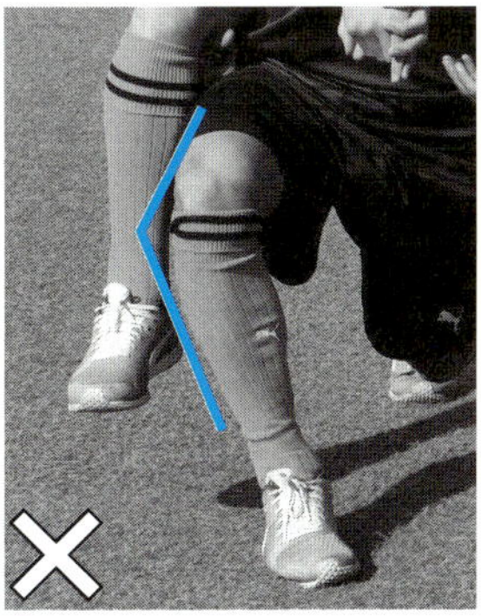

2 膝が外側に向いてしまい、つま先の向きと一致していない

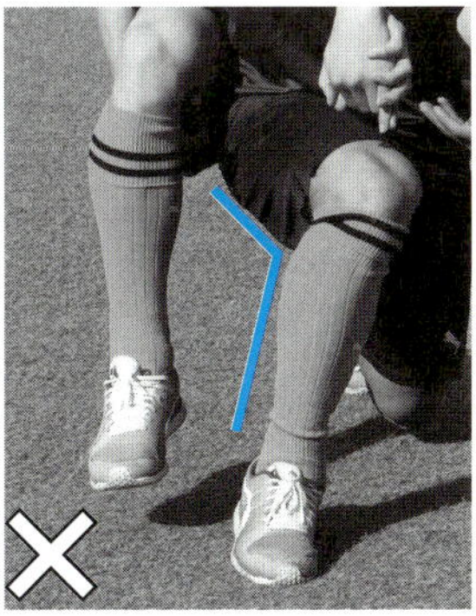

3 膝が内側に向いてしまい、つま先の向きと一致していない

70 ペア ランジ ウォーク

Pair Lunge Walk

臀筋群と下肢の筋力を
向上させるためのトレーニング

1 同じくらいの体重の選手とペアになって相手を背負う

2 胸郭を広げて体幹部を安定させた状態で片方の脚を前に大きく踏み出す

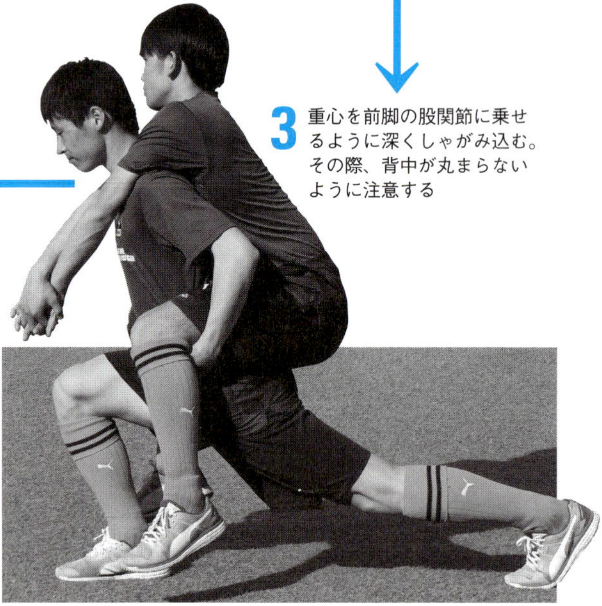

3 重心を前脚の股関節に乗せるように深くしゃがみ込む。その際、背中が丸まらないように注意する

How to

方法とポイントの解説

　同程度の体重の選手を背負って片脚を前に踏み出し、重心を前脚の股関節に乗せるように深くしゃがんで、前脚で地面を押すように前進して元の姿勢に戻る動作によって、臀筋群と下肢の筋力を向上させる。背中を丸めないように、しゃがむに従って胸を張るようにして行うことがポイント。

時間・回数の目安
➔10歩前進×3～4回

4 前脚で地面を押して身体を前方に持ち上げ、元の姿勢に戻る

5 元の姿勢に戻ったら、同じ動作を繰り返しながら左右交互に10歩前進する。これを3〜4回行う

Check Point!

しゃがむ際、膝が前に出すぎないようにする。また、重心が後ろ脚にかからないように注意する

71 ロシアン ハムストリング

Russian Hamstring

ハムストリングの筋力を向上させるためのトレーニング

1 膝立ちになり、つま先を立てる。かかとが浮かないようにペアの選手に押さえてもらう

2 背中が丸まらないように注意しながら、股関節を折り曲げるようにゆっくり身体を前方に倒していく

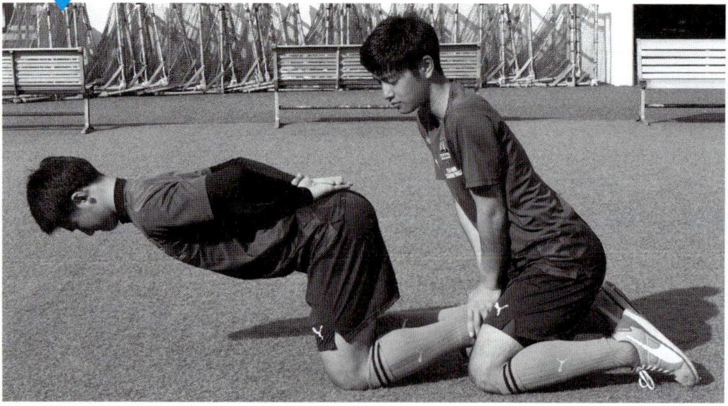

3 できるだけ深く身体を前方に倒したら、元の姿勢に戻る。この動作を10回繰り返す

How to

方法とポイントの解説

膝立ちの状態でかかとをサポート選手に押さえてもらい、股関節を折り曲げるようにゆっくり身体を前方に深く倒して元の姿勢に戻す動作によって、ハムストリングの筋力を向上させる。身体を前に倒す際、背中を丸めないことがポイント。できない場合は初級トレーニングから始める。

時間・回数の目安
➔10回×3～4回

Additional Menu ●応用トレーニング

1 負荷を上げるトレーニング方法。同じ姿勢から身体を前方に倒す

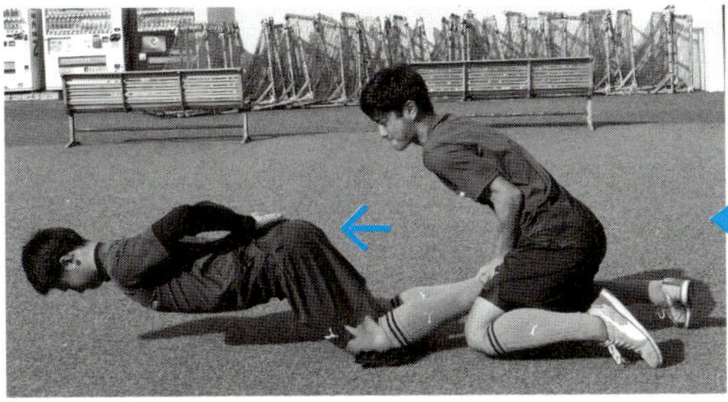

2 身体を倒した後、臀部を前方に出すようにした後に元の姿勢に戻る

1 初級トレーニング。正しい姿勢で身体を前方に倒していく

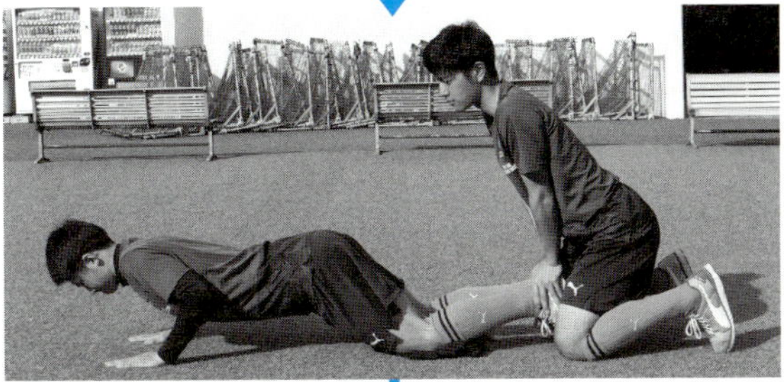

2 耐えられなくなったら、そのまま前に倒れ込んで両手を地面につける

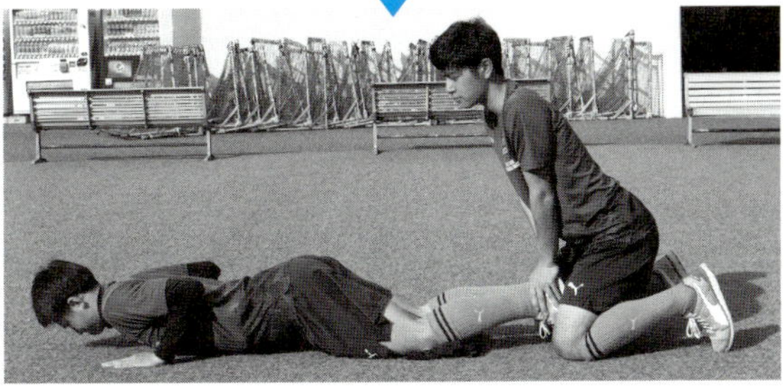

3 両手を使って元の姿勢に戻る。同じ動作を繰り返す

72 バーベル ドロップ スクワット

Barbell Drop Squat

負荷をかけてスクワット動作の安定性を向上させるためのトレーニング

How to

方法とポイントの解説

バーベルを担いだ状態から、膝を抜くように足底部を地面から浮かせると同時に重心を素早く落とし、スクワットポジションで、両足で地面を強くつかむような動作を行うことによって、スクワット動作の安定性を向上させる。背中を丸めないように行うこと、足底部全体に重心をかけて行うことがポイントになる。

時間・回数の目安
➔10回×2回

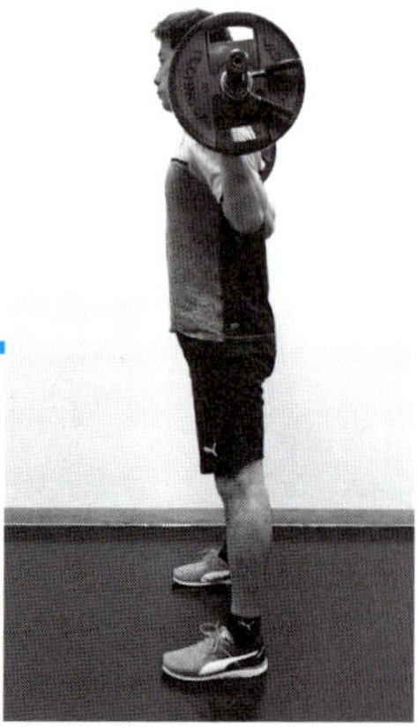

1 バーベルを担ぎ、胸郭を広げて体幹部を安定させる

2 膝を抜くようなイメージで、足底部を地面から浮かせると同時に重心を素早く落とす

3 スクワットポジションまで素早く重心を落とし、両足で地面を強くつかむようなイメージで、身体全体を安定させて静止する

4 元の姿勢に戻ったら、同じ動作を10回繰り返す。これを3～4回行う

スクワットポジションをとる際、背中が丸まらないように注意する

膝が前に出ないようにする。臀部を後方へ引きながら足底部全体に体重をかけるように意識する

73 バーベル スクワット ジャンプ

Barbell Squat Jump

ジャンプ動作で下肢の筋力を
向上させるためのトレーニング

1 バーベルを担いで胸郭を広げ、体幹部を安定させる

2 スクワットポジションまで深くしゃがみ込む

3 できるだけ長い時間、かかとで地面を押すようなイメージで身体を素早く起こしていく

4 頭から足までが一直線になるように身体全体を伸ばしきってジャンプする

5 スクワットポジションで着地姿勢を安定させる。同じ動作を10回繰り返し、これを3～4回行う

How to

方法とポイントの解説

バーベルを担いでスクワットポジションまでしゃがみ、かかとで地面を長い時間押すようにしてジャンプする動作を行うことにで、下肢の筋力を向上させる。できるだけかかとで地面を押す時間を長くしてジャンプすること、着地姿勢を安定させて行うことがポイント。

時間・回数の目安

➔10回×3～4回

Different Angle 横からのアングル

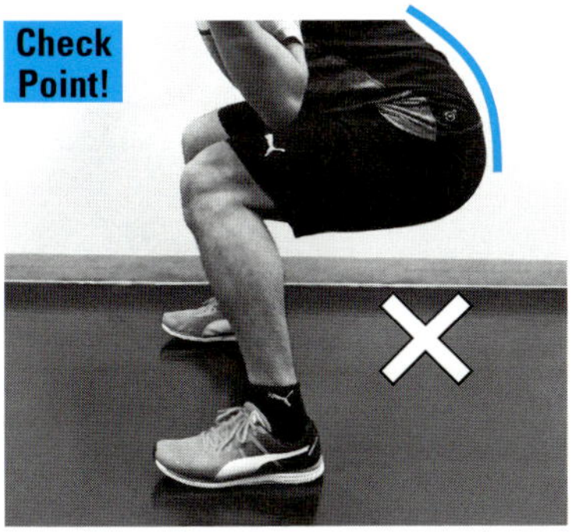

スクワットポジションで背中が
丸まらないようにする

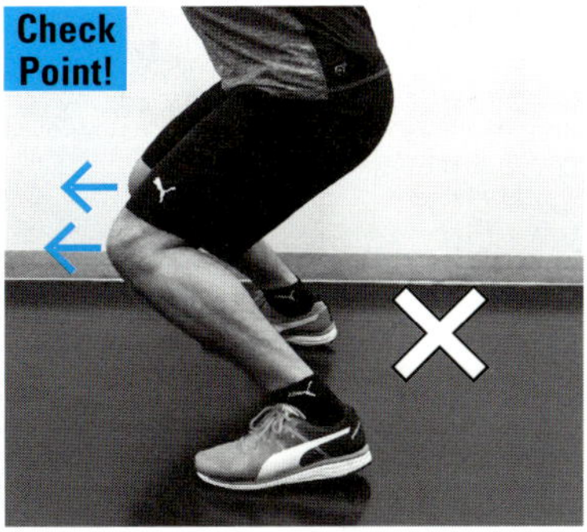

スクワットポジションでは膝が
前に出すぎないように注意する

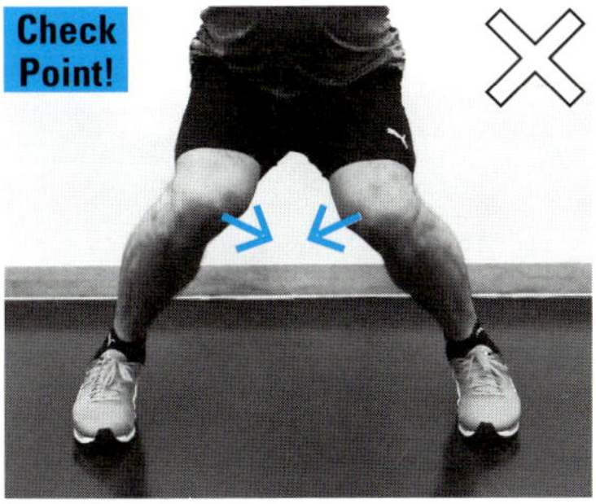

膝が内側に入らないよう
に注意する

膝やつま先が外側を向かないよ
うに注意する

COLUMN 5

筋力トレーニング

筋力トレーニングは、スピード筋力、パワー、最大筋力、筋持久力に分類され、サッカーに必要な動作を試合中に発揮し続ける筋力を強化することを目的とし、パワーを発揮し続ける下肢の筋力と、安定した動作を行うための体幹（股関節周囲、肩甲骨周囲）の筋力を強化することが重要な要素となります。

筋力が高ければ筋パワーも高くなりますが、筋パワーの発達には筋肉量が大きく影響するため、サッカー選手にとっては筋肉量を増やすためのトレーニングが大切になります。筋肉量をつけることで筋パワーの土台が作られ、身体の質量を増やすことによってコンタクトプレーに強くなり、ケガを予防することにもつながります。

とはいえ、サッカーは激しいボディコンタクトを要求されるラグビーやアメリカンフットボールと比べて筋力がパフォーマンスに与える影響は少なく、それよりも自分の身体をいかに素早く動かせるかという点が重要であることも覚えておく必要があります。

筋力トレーニングの分類

<table>
<tr><th rowspan="2"></th><th rowspan="2">スピード
筋力</th><th colspan="2">パワー</th><th colspan="2">筋力</th><th rowspan="2">筋持久力</th></tr>
<tr><th>スピード</th><th>筋力</th><th>最大筋力</th><th>筋肥大</th></tr>
<tr><td>回数</td><td colspan="3">3〜7回</td><td>6回以下</td><td>6〜12回</td><td>15回以上</td></tr>
<tr><td>%</td><td>45%以下</td><td>45〜75%</td><td>75〜85%</td><td>85%以上</td><td>65〜85%</td><td>60%以下</td></tr>
<tr><td>速度</td><td colspan="3">100%</td><td>80%</td><td>ゆっくり</td><td>ゆっくり</td></tr>
<tr><td>休息時間</td><td colspan="4">1分30秒〜5分</td><td>30秒〜1分30秒</td><td>30秒以下</td></tr>
</table>

PART 6

Power-Speed Training

パワースピードトレーニング編

74 ドロップ スクワット スタビライズ

Drop Squat Stabilize

スクワット動作の安定性を向上させるためのトレーニング

How to

方法とポイントの解説

胸郭を広げて両腕を真っ直ぐ上に伸ばし、腕を振り下ろすと同時に足底部を地面から浮かせて素早く重心を落とし、素早く着地することによって、スクワット動作の安定性を向上させる。このトレーニングのポイントは、両脚で地面を強くかむようなイメージで着地することになる。

時間・回数の目安
➔10回×2～3回

1 両腕を真っ直ぐ上に伸ばし、胸郭を広げる

2 腕を振り下ろすと同時に足底部を地面から浮かせ、重心を落とす

Different Angle 正面からのアングル

3 スクワットポジションまで両脚で地面を強くかむようなイメージで素早く重心を落とし、身体全体を安定させて着地する。元の姿勢に戻り、同じ動作を10回繰り返す

Check Point!

×

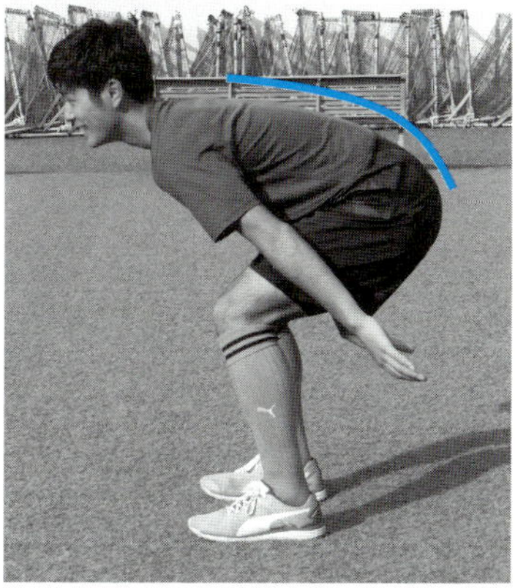

スクワットポジションでは背中が丸まったり、身体が前に倒れたりしないように注意する

75 ドロップ スクワット トゥー ジャンプ

Drop Squat to Jump

脚の爆発的パワーを向上させるためのトレーニング

How to

方法とポイントの解説

バーベルを担いで立った状態から素早く重心を落としてスクワットポジションをとり、地面を長い時間押すようにしてジャンプすることによって、脚の爆発的パワーを向上させる。ジャンプする際、かかとで地面をできるだけ長くし身体が伸びきるようなイメージで行うことがポイント。

時間・回数の目安
➔10回×2～3回

1 バーベルを担いで胸郭を広げ、体幹部を安定させる

2 「ドロップスクワットスタビライズ（P176～177）」と同じ動作を行い、素早く重心を落とす

3 スクワットポジションでは背中が丸まらないように注意し、地面を強くかむように身体全体を安定させる

4 一瞬だけ静止した後、できるだけ長い時間かかとで地面を押すようなイメージで、身体を素早く起こしていく

5 身体全体を伸ばしきってジャンプする

6 両脚で地面を強くかむようなイメージで着地する

7 スクワットポジションで身体全体を安定させる

8 元の姿勢に戻ったら、同じ動作を10回繰り返す

Additional Menu ●器具がない場合のトレーニング

バーを担いで負荷をかけずに同じ要領で行う

76 ロング ジャンプ

Long Jump

両脚ジャンプで脚の爆発的パワーを向上させるためのトレーニング

1

背筋を伸ばし、胸郭を広げて立つ

2

腕を後方へ素早く振って深くしゃがみ込む

3

両脚で地面を押すようにして前方へジャンプする。股関節の爆発的な伸展動作を意識し、身体全体を伸ばすように行う

How to

方法とポイントの解説

腕を後方へ素早く振って深くしゃがんだ後、両脚で地面を押すようにして前方へジャンプする動作を繰り返すことによって、脚の爆発的パワーを向上させる。しゃがんでからジャンプする際、股関節の爆発的な伸展動作を意識して身体全体が伸び上がるように行うことがポイントになる。

時間・回数の目安

➔20メートル前進×2～3回

4 腕を振り下ろしながら、着地の姿勢をとる

5 スクワットポジションで着地し、身体を安定させて次のジャンプの準備に入る

6
爆発的な動作を意識してできるだけ前方へジャンプする

7 安定した着地姿勢をとる。この動作を繰り返し、20メートル前進する

Check Point!

✕

ジャンプする際、腰部が折れ曲がらないようにする。また、過度に腰部を反らせたりしないように注意する

77 ボックス ブラスト

Box Blast

片方の脚の爆発的パワーを向上させるためのトレーニング

How to

方法とポイントの解説

片方の脚をボックスに乗せて重心を少し落とした後に腕を振り上げながら高くジャンプする動作を繰り返すことによって、脚の爆発的パワーを向上させる。ポイントは、ジャンプの際に股関節の伸展を意識してかかとでボックスを長く押すように行うことと、股関節の伸展を意識することになる。

時間・回数の目安
➔10回×2～3回

1 片方の脚をボックスに乗せ、左右の脚を揃える

2 重心を少し落として静止し、腕を振り上げながらかかとで長い時間ボックスを押すように高くジャンプする

3 股関節の伸展を意識して身体全体が伸び上がるようにジャンプする

4 着地の際は足底部でボックスを強くかむように意識して行う

5 安定した状態で着地し、元の姿勢に戻る。この動作を10回繰り返す

Different Angle 横からのアングル

Check Point!

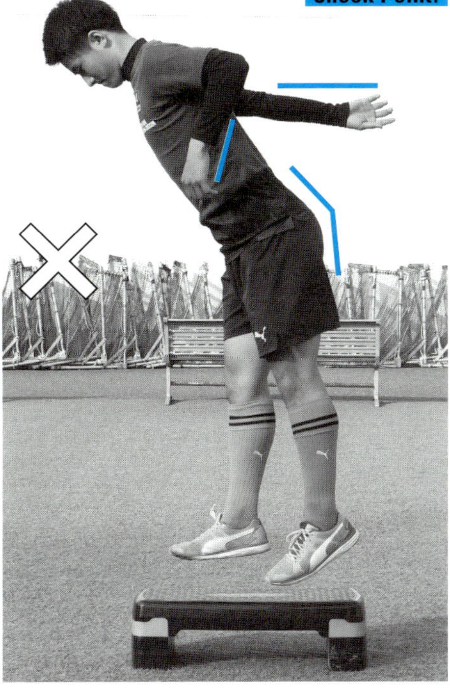

ジャンプの際は股関節の伸展を意識し、身体が折れ曲がった状態で踏み切らないように注意する

78 MBスクープトス

MB Scoop Toss

リフト動作による全身パワーを向上させるためのトレーニング

How to

方法とポイントの解説

スクワットポジションでメディシンボールを持ち、爆発的に股関節を伸展させて下肢の力を上肢に伝えてボールを斜め後方に投げることによって、全身のパワーを向上させる。ボールを投げる際、しっかりと伸び上がるように意識して行うことが、ポイントになる。

時間・回数の目安
➔6回×2～3回
（メディシンボールの重さは3～5kgが目安）

1 メディシンボールを持ってスクワットポジションをとる。背中が丸まらないようにする

2 爆発的に股関節を伸展させて下肢の力を上肢に伝え、ボールを斜め後方に投げる

Different Angle
正面からのアングル

3 投げる際に身体全体が伸びきるように行う。同じ動作を10回繰り返す

Check Point!

ボールを投げる際、腰部が折れ曲がったり過度に反らせたりしないように、写真のようにしっかり伸び上がるように意識して行う

79 MBランジ パワー スロー

MB Lunge Power Throw

ロータリー動作によるパワーを向上させるためのトレーニング

1 メディシンボールを持ってランジの姿勢をとる。胸郭を広げたまま前脚側に身体を回旋させる

2 力強く前脚で地面を押しながら、身体を反対側へ回旋させていく

3 前脚の股関節の力強い伸展と身体の回旋を意識しながらボールを前方に投げる

4 反対側の脚をそのまま前方に踏み出す。同じ動作を6回繰り返す

How to

方法とポイントの解説

ランジの姿勢でメディシンボールを持って前脚側に身体を回旋させてから、前脚で地面を押しながら身体を反対側へ回旋させてボールを前方に投げることで、ロータリー動作によるパワーを向上させる。前脚の股関節の力強い伸展と身体の回旋を意識しながらボールを投げることがポイント。

時間・回数の目安
➔6回×2〜3回

Additional Menu ●応用トレーニング

1人の場合はネットなどにボールを投げるが、ここではペアで行う

Check Point!

手の力だけでボールを投げないようにする
（股関節の伸展と回旋動作を意識する）

Check Point!

動作中、背中が丸まらないように注意すること

80 MBランジ サイド スロー

MB Lunge Side Throw

体幹部のパワーおよび安定性を向上させるためのトレーニング

1 ランジポジションで、ペアの相手に前脚側からメディシンボールを投げてもらう

2 投げてもらったメディシンボールを両手でキャッチする

3 キャッチと同時に背中が丸まらないように反対側へ身体を回旋させる。下肢を安定させて行う

How to

方法とポイントの解説

ペアの相手に投げてもらったメディシンボールをキャッチすると同時に反対側へ身体を回旋させ、力強く回旋させながらボールを投げ返す動作を繰り返すことで、体幹部のパワーおよび安定性を向上させる。キャッチする際もボールを投げる際も、体幹部と下肢を安定させることがポイントになる。

時間・回数の目安

➔ 左右各10回×2～3回

4

胸郭を大きく広げるように意識し、力強く回旋させながらボールを投げ返す。同じ動作を左右それぞれ10回繰り返す

Different Angle 拡大アングル

ボールをキャッチして回旋する際、膝が内側に向かないように注意する

ボールを投げる際は体幹部や下肢を安定させ、膝が外側に向かないようする

81 アンクル ホップ

Ankle Hop

両脚ジャンプで地面接地時の安定性とパワーを向上させるためのトレーニング

1 両脚を肩幅に開いて立つ

2 軽くしゃがみ込み、高くジャンプする

3 空中で次の動作の準備を行う

4 足底部全体で着地し、膝をできるだけ曲げずに再びジャンプする

5 足底部が地面に接地する時間はできるだけ短くする。連続ホップを10回行う

How to

方法とポイントの解説

両脚を肩幅に開いた状態で、軽くしゃがみ込んでから高くジャンプし、ホップを繰り返し行うことによって、地面接地時の安定性とパワーを向上させる。ポイントは、できるだけ膝を曲げずにジャンプすることと、足底部が地面に接地する時間をできるだけ短くすることになる。

時間・回数の目安
➔10回×2 ～3回

Different Angle 正面からのアングル

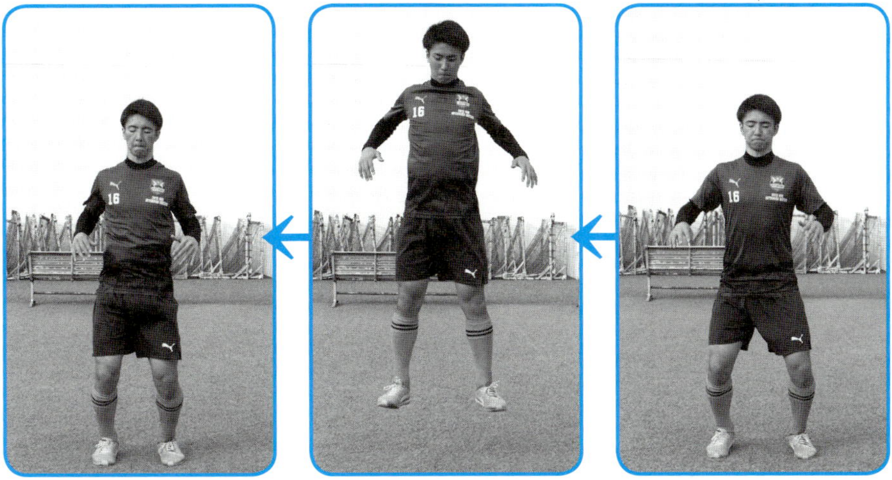

Check Point!

着地の際、膝を深く曲げないように注意する。できる限り膝を曲げず、接地時間を短くして足関節の動きだけでホップを繰り返すように行う

82 アンクル フリップ

Ankle Flip

地面接地時の安定性とパワーを向上させるためのトレーニング

1 両脚を肩幅に開いて立つ

2 片方の膝を引きつけると同時に、高く跳ぶ

3 膝を引きつけると同時に、軸脚で地面をしっかり押す。頭から足までを一直線にして行う

4

両脚の足底部で着地し、接地時間はできるだけ短くする

5 着地後に素早く脚を入れ替え、反対側の膝を引きつけると同時に高く跳ぶ。この動作を10回繰り返す

How to

方法とポイントの解説

両脚を肩幅に開いた状態で片方の膝を引きつけると同時に高く跳び、着地後に素早く脚を入れ替えて反対側の膝を引きつけながら高く跳ぶ動作を繰り返すことによって、地面接地時の安定性とパワーを向上させる。接地時に膝を曲げすぎず、接地時間をできるだけ短くすることがポイント。

時間・回数の目安

➔10回×2～3回

Different Angle 正面からのアングル

Check Point!

ジャンプの際に身体が「く」の字にならないようにする

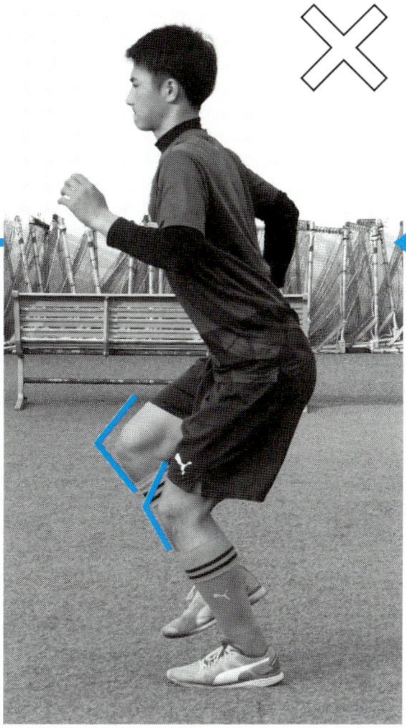

着地の際、膝を深く曲げないように注意する。できる限り膝を曲げず、足関節の動きだけで跳び、接地時間を短くする

83 バウンディング

Bounding

脚の爆発的パワーを
向上させるためのトレーニング

How to

方法とポイントの解説

両脚を肩幅に開き、片方の脚で地面を強く押して前方に大きくジャンプし、入れ替えた脚の膝を引きつけて前方に跳ねていく動作を繰り返すことで、脚の爆発的パワーを向上させる。前脚を重心の真下に着地させる、膝や足関節を固定する、接地時間を短くして地面を強く押すことがポイント。

時間・回数の目安
➔10歩前進
×2～3回

1 両脚で立った状態から地面を強く押し、前方に大きくジャンプする

2 腕は大きく振り、反対の膝をしっかり引きつける

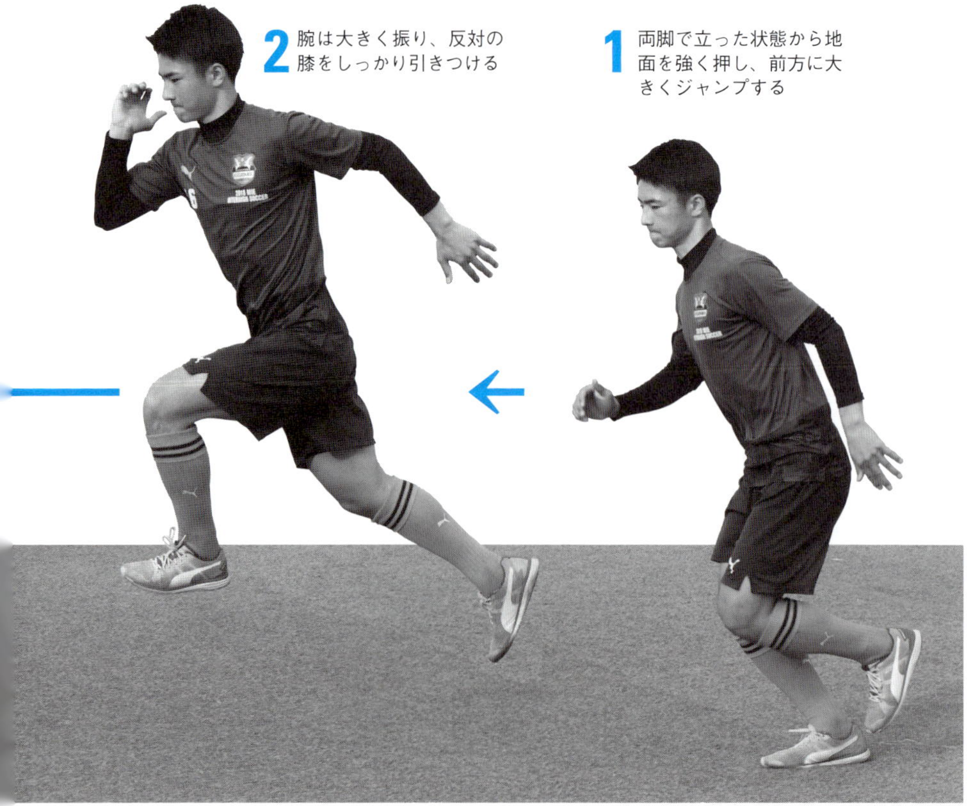

PART 1
ストレッチ編
PART 2
アクティブストレッチ編
PART 3
ムーブメント編
PART 4
コアスタビリティ編
PART 5
ストレングス編
PART 6
パワースピード編

Check Point!

身体が前傾して脚が後方に流れたり、地面を掻いて前方に跳んだりしないしないように注意する

3 前脚は重心の真下に着地させ、素早く脚を入れ替える。膝や足関節を固定し、足底部で地面を押すように意識する

4 接地時間を短くし、入れ替えた脚の膝を引きつけて前方に跳ねていく。この動作を繰り返して10歩前進する

84 ラテラル バウンド

Lateral Bound

側方へ移動する動作で脚の爆発的パワーを向上させるためのトレーニング

How to

方法とポイントの解説

スクワットポジションから、進行側の腕を後方に振ると同時に素早く側方へ重心移動してバウンドしながら側方へ進む動作を行うことで、脚の爆発的パワーを向上させる。足の母趾球で地面を押して素早く側方へ重心移動すること、重心を常に進行側の脚に乗せるようにすることがポイント。

時間・回数の目安

➔10メートル×2～3回

1 スクワットポジションをとり、体幹部を安定させる

2 進行側の腕を後方に振り、胸郭を大きく広げる。同時に反対側の足の母趾球で地面を押して素早く側方へ重心移動する

3 足が接地したら後ろ側の足を寄せ、次のジャンプの姿勢をとる

4 再び側方へ力強く移動する。重心を常に進行側の脚に乗せるように意識する

5 同じ動作を繰り返して側方へバウンドしながら10メートル進む

Additional Menu ●応用トレーニング

1 膝の上にチューブをかけて同じ動作を行う

2 腕を大きく振り、後ろ足の母趾球で強く地面を押す

3 この動作を繰り返して10メートル側方に移動する

Check Point!

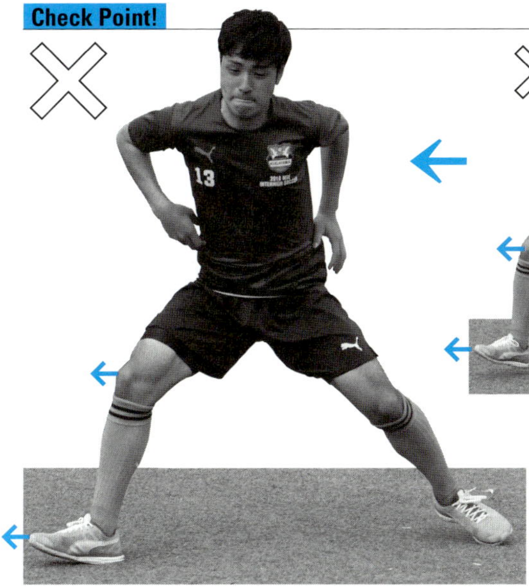

進行側の膝やつま先が外側に向かないようにする。重心が後方の脚に残りやすくなってしまうので注意すること

85 プライオ プッシュ アップ

Plyo Push Up

体幹部の安定性と上肢の爆発的パワーを向上させるためのトレーニング

1 台に両手をつき、つま先と手で身体を支える。その際、頭から足までを一直線にする

2 腕を曲げて胸部を台に近づける

3 体幹部を安定させた状態で、腕を爆発的に伸ばして台から離れるように押す

How to

方法とポイントの解説

頭から足までを一直線にして台に両手をつき、腕を曲げて胸部を台に近づけ、腕を爆発的に伸ばして台から離れるように押す動作を繰り返すことによって、体幹部の安定性と上肢の爆発的パワーを向上させる。背中を丸めたり、臀部を突き出したり、腰部を反らせたりしないことがポイント。

時間・回数の目安

➔10回×2～3回

4 着地と同時に体幹部を安定させて次のジャンプの準備をする

5 爆発的に腕を伸ばして台を押す。同じ動作を10回繰り返す

Check Point!

腕を伸ばす際、背中が丸まったり、臀部を突き出したりしないように注意する

Check Point!

台に着地する際や台を押す際、体幹部を安定させて腰部を反らせないようにする

86 プライオ シット アップ

Plyo Sit Up

メディシンボールを使って体幹部のパワーを向上させるためのトレーニング

1 両膝を立てて座り、ペアの選手にメディシンボールを投げてもらう

2 頭上でメディシンボールをしっかりキャッチする

3 ボールをキャッチすると同時に身体を後方へ倒す

How to

方法とポイントの解説

両膝を立てて座った状態でメディシンボールを投げてもらい、頭上でボールをキャッチすると同時に身体を後方へ倒し、身体を起こす力を利用してボールを投げ返す動作を繰り返すことによって、体幹部のパワーを向上させる。身体を後方に倒した反動を利用して、力強く起き上がることがポイント。

時間・回数の目安
➔10回×2〜3回

4 倒れた反動を利用して身体を起こしていく

5 起き上がる過程でペアの選手にメディシンボールを投げ返す

6 投げた後は、そのまま身体を起き上がらせる

7 元の姿勢に戻る。同じ動作を10回繰り返す

Check Point!

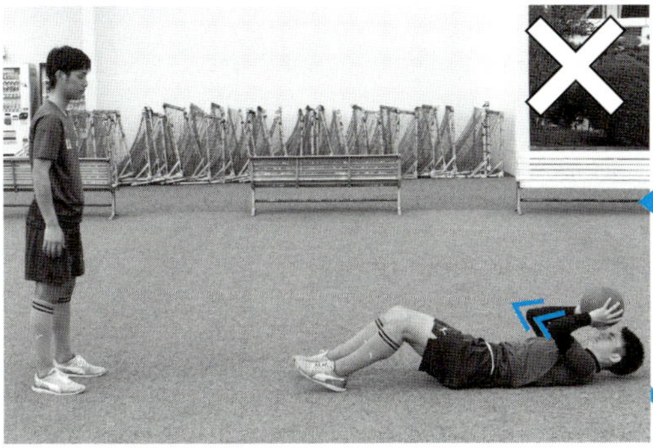

ボールを低い位置でキャッチしないこと。また、ボールを投げ返す際は手の力で投げるのではなく、身体を起こした力を利用して投げ返すようにする

87 プライオ レッグ レイズ

Plyo Leg Raise

体幹部のパワーを向上させるためのトレーニング

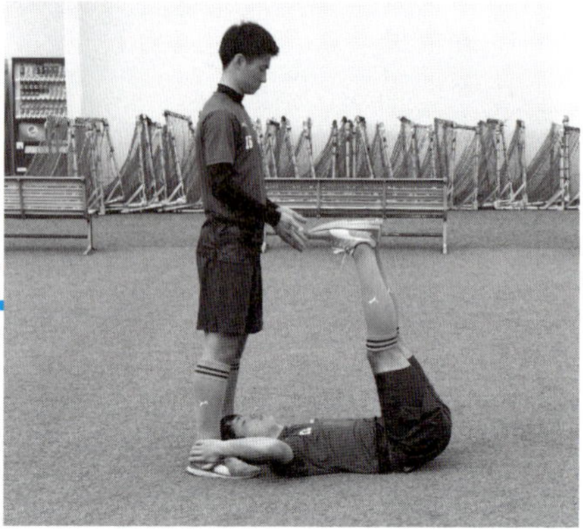

1 仰向けに寝て、ペアの選手の足関節をつかみ、体幹部を安定させて両脚を上げる

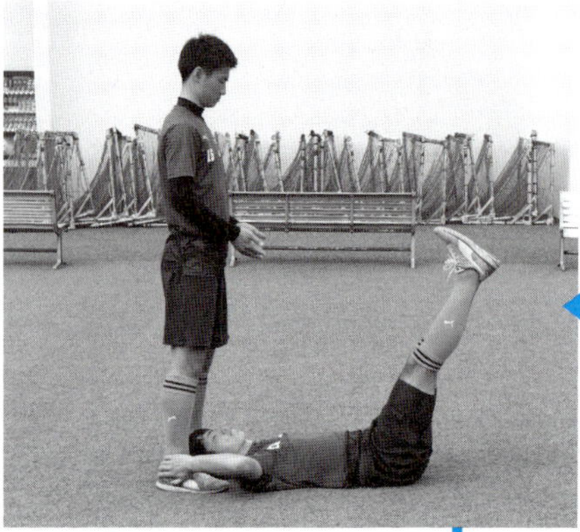

2 体幹部を安定させたまま、ゆっくり脚を下ろしていく

3 足が地面につかない位置まで下ろす

How to

方法とポイントの解説

仰向けに寝てペアの選手の足関節をつかみ、足が地面につかない位置までゆっくり下ろした後に素早く脚を上げる動作を繰り返すことで、体幹部のパワーを向上させる。体幹部を安定させながら脚を下ろし、爆発的に脚を上げるように行うことがポイント。

時間・回数の目安

➔10回×2～3回

4 脚を下ろしたと同時に、爆発的に素早く脚を上げる

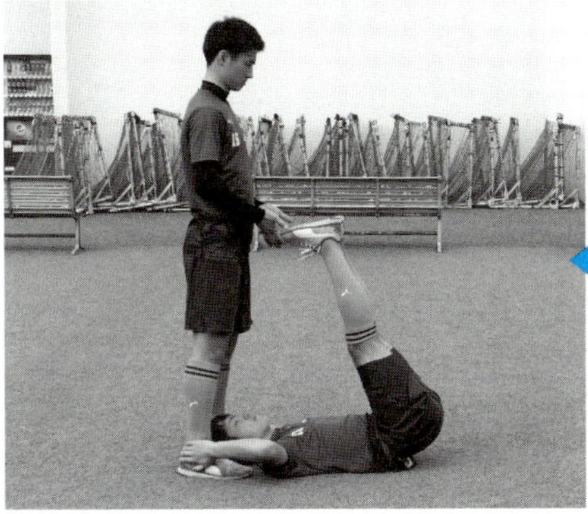

5 元の姿勢に戻す。これと同じ動作を10回繰り返す

Check Point!

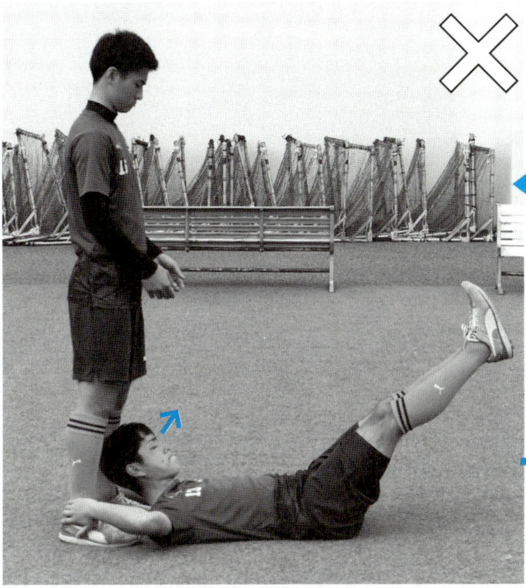

動作中に顔を上げ、胸郭が閉じて背中が丸まったりしないように注意する

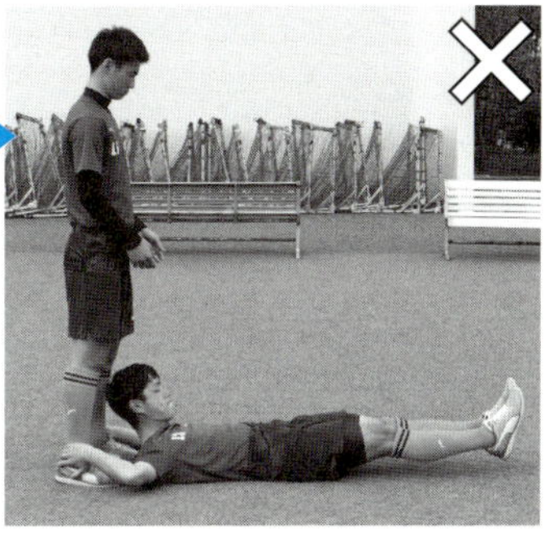

國學院久我山高校サッカー部

フィジカルトレーニング運用方法

ここでは、國學院久我山高校サッカー部のフィジカルトレーニング運用方法をいくつかのポイントに分けながら、具体的な例として紹介する

トレーニングプログラムの計画的運用

体力を維持向上させるためには、フィジカルトレーニングを計画的に行うことが重要になります。

いくらトレーニングプログラムを知っていても、それが無計画なトレーニングになってしまっては、試合（将来）へ向けてパフォーマンスを向上させるどころか、コンディション不良、最悪の場合はトレーニングによって怪我をしてしまう危険性が生まれてしまいます。従って、トップ選手だけでなく、育成年代の選手においても、体力の維持向上のためにはトレーニングプログラムを計画的に運用することが重要になります。

そのためには、しっかりとトレーニングを計画（Plan）し、実行（Do）し、定期的に評価（Check）する、というサイクルを作ることからスタートします（図1）。

図1; トレーニングプログラムのサイクル

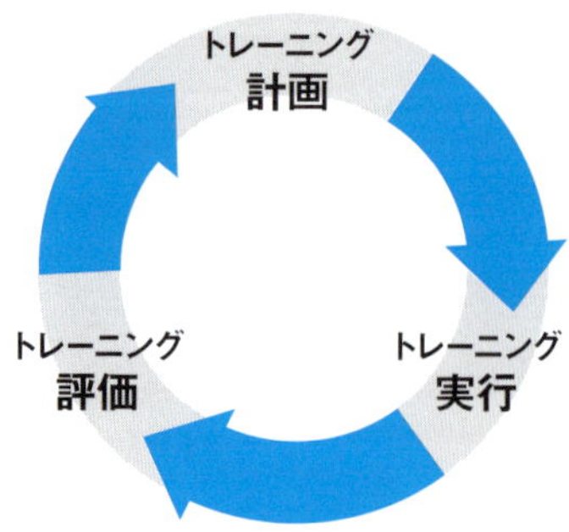

トレーニングの計画①「ニーズ分析」

プログラムを作成するにあたって、まず行うべきことはニーズ分析です。ニーズ分析は、①サッカーという競技の体力特性（P10～P13参照）を明確にすること、②対象となる選手の体力特性を明確にすること、という2つの項目に大きく分けることができます。

それを念頭に置いて、サッカ

ーに必要な体力特性を向上させるフィジカルトレーニングを、対象選手の年代（ジュニアユース、ユース）や体力レベルに適したプログラムを作成します。

トレーニングの計画②「目標設定」

次にプログラム作成で行うことは、目標設定です。フィットネステストを実施し、体力を客観的に評価し、具体的な目標を設定します。そのときに大切なことは、実現可能な現実的数値目標を設定することです。そして、設定した目標を達成する期間を限定し、いつまでに達成するのかを明確にします。

フィットネステストは、チームの環境などに合わせてどのような方法で行っても構いませんが、その方法に妥当性があり、信頼でき、何度実施しても再現可能で、安全に考慮されたものである必要があります。同時に、誰にでも簡単に測定ができるということもポイントになります。なぜなら、誰でも簡単に測定できるものであれば、それを継続して用いることができるからです。

國學院久我山高校サッカー部では、さまざまな数値目標の設定があり、それらの項目をしっかりと改善させていくことが明確化されています。たとえば、股関節可動性として自分の身長以上に　開脚し、背中を丸めずに肘を地面につけること（下参照）。また、有酸素性作業能力の評価としては、20mマルチステージシャトルランテスト（以下マルチ）を、無酸素性作業能力（スピード）の評価としては

開脚テスト 股関節の可動性（内転筋の柔軟性）

- 膝を伸ばした状態で、足を左右に開く
- 背中が丸まらないように注意する
- 以下の基準によって可動性があるかどうか判別する

○ 身長分開脚ができて、肘を地面につけることができる

△ 身長分開脚できるが、肘を地面につけることができない

× 身長分開脚をすることができない

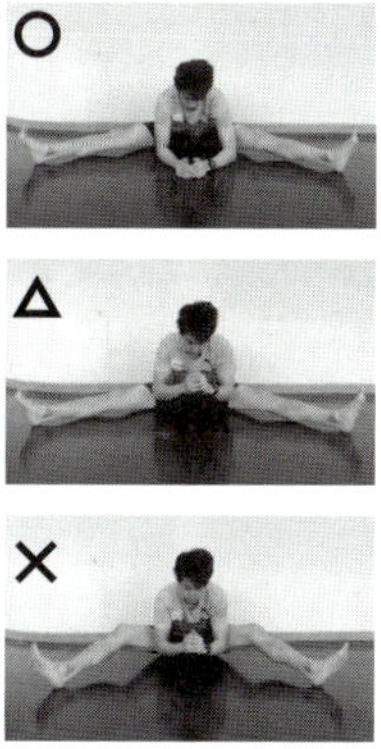

30m走を測定しています。

マルチを縦軸に、30m走を横軸にとり、その選手の体力タイプも評価しています。具体的な数値としては、マルチ＝130本、30m走＝4.2秒が目標値になり、すべての選手がType1（※マルチ、30m走ともに目標値クリア）になるようにトレーニングの目標設定を行っています（図2、図3）。

トレーニングの計画③「スケジュール作成」

トレーニングプログラムを運用していくためには、具体的なスケジュール作成が必要になります。

トレーニングスケジュールを作成するうえで大切なことは、フィジカルトレーニング以外の調整をしっかり行うことです。

たとえば、國學院久我山高校サッカー部のような学校の部活動のチームの場合、公式戦の予定以外にも、他の部活動との兼ね合いでオフを設定する必要があり、定期試験など変更が不可能な予定も数多くあります。

従って、まずは変更が不可能な日程を最初にスケジューリングし、次に練習試合やテクニカルトレーニングなど、事前に調整を行う必要がある日程をスケジューリングします。この部分は、期間中も相談しながら調整可能なスケジュールになります。

①変更できない日程＝公式戦の試合日程、学校行事（試験など）

②変更に調整が必要な日程＝練習試合などの日程、練習時間の配分など

そして最後に、フィジカルトレーニングの設定を行います。

図2;**有酸素性能力と無酸素性能力のテスト**

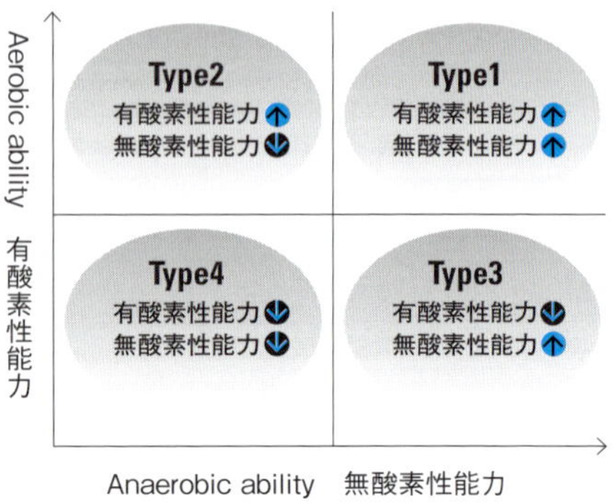

図3;**フィジカルタイプ分析**

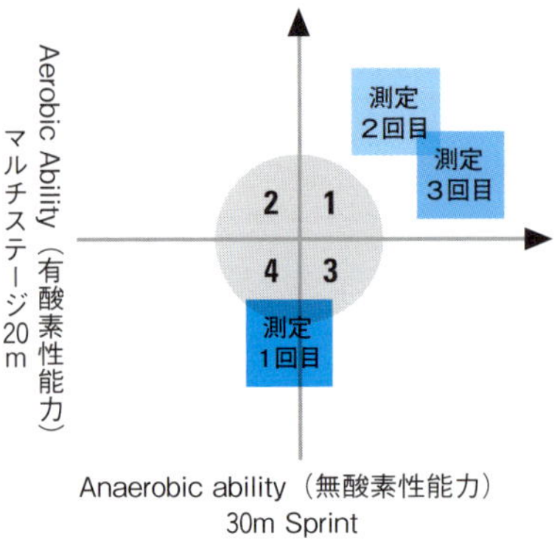

基本原則としては、試合や高強度のフィジカルトレーニングから中2日（48時間）の回復期間を設けることをベースに計画します。フィジカルトレーニングの取り組みで最も大切なことは「回復」です。フィジカルトレーニングは「やればやるほど効果がでる」ものではありません。身体に負荷がかかった後は、必ず回復期間を設けることが必要です。そう考えると、日曜日に試合をして、火曜日に高負荷のフィジカルトレーニングを実施することは、あまり良いトレーニング計画ではないと言えます。

具体的には、テクニカルトレーニングとフィジカルトレーニングの負荷を、強度や量（時間や距離、セット数など）によって5段階に分けて計画します（表1）。スケジュールの作成例として、試合が日曜日の日程で、オフが月曜日、監督の意向で紅白戦を木曜日に設定したとします。その場合、火曜日、金曜日、土曜日には負荷の高いフィジカルトレーニングは実施しません。高強度のフィジカルトレーニングに適しているのは、水曜日または木曜日になります。

また、フィジカルトレーニングの強度が週間の中で段階的に上がることが理想なので、表2（P208）のような一週間トレーニング計画が一例となります。

数値はあくまで目安ですが、練習や試合、フィジカルトレーニングを数値として客観的に把握することにより、過負荷を防ぐ目的があります。週の負荷は30前後に設定し、試合などが少ない週には高い負荷を設定しますが、週単位でも高い負荷が連

表1；**フィジカルトレーニングの負荷設定管理**

サッカー競技の強度設定

Practice（技術・戦術練習）				Game（ゲーム形式）
Skill Training		Small Game		
Recovery 有酸素性低強度	Speed / SE(SP) スピード ※スピード持続	Aerobics 有酸素性 中・高強度	SE(SM) スピード維持	SE(SM)/QR スピード維持 酸化能力

トレーニング負荷

トレーニング量					トレーニング強度		
Level	Time		Km	Set	Football Action	Conditioning Program	Energy System
5	120	40	10	5	Small Game	Power	Speed maintenance
4	90	30	4	4	GAME	Strength	Speed production
3	60	20	3	3	TT	Speed	Aerobic capacity
2	40	10	2	2	TT/RT	Movement Tr.	OBLA/Low power
1	30	5	1	1	RT	Core Stability	Low power/OBLA

続しないように注意することが重要になります（表３）。

トレーニングの実行

作成したトレーニングスケジュールを実行するうえで大切なことは、当たり前のことですが、計画通りに実行することです。選手やチームの状態は日々変化していきます。計画立案時とはまったく違う状況になることも多々あります。トレーニングには常に状況に応じた判断が求められ、計画通りにはいかないものですが、まずは計画通りに実行していくことを前提に考えることが大切になります。

次に大切なことが、日々のトレーニングをしっかり記録することです。どのような種目をどの程度行ったのかなど、できるだけ詳細なデータを残しておくことが重要になります。日々の記録がなければCheck（評価）の際、何が原因になっているのかを分析することもできません。どうしても計画通りに実行することが難しければ、計画を再立案する必要があります。ただし、その場の勢いで計画を変更してしまうことは、せっかくのトレーニングを台無しにしてしまう危険性があることも頭に入れておく必要があります。

トレーニングの評価

評価とは、立案した計画を実行した結果が、目標に向かって改善しているかどうかを確認することです。客観的な評価をするときは、Plan（計画）の際に実施したフィジカルテストを再度実施することにより、設定した目標値に対してどの程度達

表2;**一週間のトレーニング計画の具体例**

	SUN	MON	TUE	WED	THU	FRI	SAT
TEAM	試合	オフ	練習	練習	紅白戦	練習	練習
	変更不可	変更不可	調整可能	調整可能	監督の意向 調整可能	調整可能	調整可能
プログラム❶			コアスタビリティ	ストレングストレーニング	パワートレーニング	スピードトレーニング	ムーブメントトレーニング
			2set	3set	2set	2set	1set
プログラム❷			低強度 有酸素性 Tr.		スピード 持久力		
			20min		10min		

成できているかなどを把握します。ただし、サッカーは数値や記録を争う競技ではありません。客観的な数値というのは、あくまでもひとつの指標にしかなりません。試合などを観察し、狙いとするトレーニングの効果が出ているかどうか、指導者の目を通して評価することもとても大切なことです。

フィジカルテストの数値と競技的な体力課題が完全に一致することはありません。時としてフィジカルテストでは効果が見られるものの、実際の試合ではそこまで成果を感じられないケースなどもあります。大切なことは、客観的な情報と主観的な情報をバランスよく分析し、それを把握したうえで、指導者が目の前の選手たちと向き合っていくことです。

表3;**週単位のトレーニング計画の具体例**

	第1週　週の負荷合計　32						
	SUN	MON	TUE	WED	THU	FRI	SAT
負荷	4.5		6.5	4	6	4.5	6.5
チームスケジュール	GAME 練習試合	OFF 休息	PT フィジカル トレーニング	TT テクニカル トレーニング	PT フィジカル トレーニング	TT/RT テクニカル& リカバリー	TT テクニカル トレーニング
備考							
トレーニング時間			90	15	60	15	40
プログラム❶			ストレングス トレーニング 4セット	スタビリティ トレーニング		ムーブメント トレーニング	ストレングス トレーニング 上肢のみ3セット
プログラム❷			スピード持久力 スピード持続 40分		スピード持久力 long sprint 3000m		スピード持久力 スピード持続 20分

	第2週　週の負荷合計　30						
	SUN	MON	TUE	WED	THU	FRI	SAT
負荷	4.5		6.5	4.5	5.5	5.5	4
チームスケジュール	GAME 練習試合	OFF 休息	PT フィジカル トレーニング	TT/RT テクニカル&リ カバリー	TT テクニカル トレーニング	PT フィジカル トレーニング	TT テクニカル トレーニング
備考	出場時間調整						
トレーニング時間			55	35	15	35	15
プログラム❶				スタビリティ トレーニング	スピード トレーニング		ムーブメント トレーニング
プログラム❷			スピード持久力 ジャンプ インターバル 40分	有酸素中強度 20分		スピード持久力 スピード維持 20分	

	第3週　週の負荷合計　29.5						
	SUN	MON	TUE	WED	THU	FRI	SAT
負荷		5.5	4	5.5	6	4	4.5
チームスケジュール	OFF 休息	PT フィジカル トレーニング	TT/RT テクニカル& リカバリー	TT テクニカル トレーニング	PT フィジカル トレーニング	TT/RT テクニカル& リカバリー	GAME 練習試合
備考							
トレーニング時間		35	15	15	15	15	
プログラム❶		ストレングス トレーニング 2セット	スタビリティト レーニング	スピード トレーニング	パワー トレーニング 2セット	ムーブメント トレーニング	
プログラム❷		スピード持久力 スピード維持 20分					

ジュニアユース、ユース年代に必要なトレーニング

ここでは、ジュニアユース(中学)年代、ユース(高校)年代で必要とされるそれぞれのトレーニングの基準や目安などを紹介するので覚えておこう

ジュニアユース年代のトレーニング

ジュニアユース（中学）年代は、個人差は大きいものの、人生の中で身体が最も著しく成長する時期です。そのため、トレーニングプログラムに幅を持たせ、目先の結果にとらわれないトレーニングを計画することが大切になります。

特に有酸素性持久力は成長期において最も発達する能力とされているため、11歳頃からトレーニングを開始します。そして、成長のスパートを迎える14歳頃から積極的に強化し、成長がほぼ止まるとされる18歳頃まで、ある程度の水準を目標とし、維持することを優先します。

また、筋・骨格系が著しく発達するのもこの年代の特徴で、動作はよりスピーディに行えるようになる一方、骨格系の発達に伴って柔軟性が低下するほか、一時的な筋力低下により身体のバランスが崩れ、動作が稚拙になります。よって、柔軟性向上のトレーニングや機能的動作のトレーニングを強化します。

なお、筋力が発達することで無酸素性持久力の能力向上が期待できますが、まだ無酸素性持久力に関わる酵素の活性度やトレーニングによる改善率が低いため、無酸素性持久力トレーニングは導入にとどめ、ユース年代から本格的に強化します。

その他、骨や軟骨などの組織が発育段階にあるため、重量負荷（ウェイト）などを用いた筋力トレーニングは行わず、自分の体重を用いた負荷により、筋に抵抗を加える方法で筋力トレーニングを開始します。

ユース年代のトレーニング

　ユース（高校）年代は、発育・発達の最終段階です。成長のスパート期を終えるこの時期では急激な筋力の増加が見られますが、それは遅筋線維の発達に加えて速筋線維の発達も急速に進むためで、速筋線維の発達によって力強く速い動きを必要とする能力が急激に向上します。

　また、男子は思春期以降にテストステロンというホルモンの分泌量が増えて筋肉の成長が促進され、10歳から17歳までに筋肉量は2倍に増えるとされます。それに対し、女子は思春期になるとエストロゲンというホルモンの分泌量が増え、その作用によって体脂肪が増加します。

　このような特徴を持つユース年代で最も強化すべきが、筋力です。サッカーにおいて最終的に最も必要な筋力はパワー（スピードパワー）ですが、そのためにはしっかりと筋線維を太く強くすることが重要になります。太い筋はより大きな力を発揮し、大きな力はパワーの土台となるので、この年代でしっかり筋線維を肥大させます。

　一方、14歳頃から積極的に強化する有酸素性持久力は、18歳頃までにはある程度の水準を目標とし、その後は維持することを優先します。これに対して、14歳頃に導入する無酸素性持久力は、ユース年代の17歳頃から本格的に強化します。

　その他、スピードや機能的動作トレーニングは引き続き積極的に強化し、18歳頃までにはある程度の水準を目標とし、その後は維持していきます。

股関節の可動性（内転筋の柔軟性）

要因 年齢	有酸素性持久力	無酸素性持久力	スピード	パワー	筋力	機能的動作	柔軟性	コーディネーション
●ジュニアユース（中学）年代								
13歳	導入	実施しない	導入	実施しない	実施しない	導入	強化	強化
14歳	強化	導入	強化	導入	↓	強化	↓	維持
15歳	↓	↓	↓	↓	導入	↓	↓	↓
●ユース（高校）年代								
16歳	↓	↓	↓	↓	↓	↓	維持	↓
17歳	↓	強化	↓	強化	↓	↓	↓	↓
18歳	維持	↓	維持	↓	強化	維持	↓	↓
19歳	↓	↓	↓	↓	↓	↓	↓	↓
20歳	↓	↓	↓	↓	↓	↓	↓	↓

おわりに

永井 将史

フィジカルトレーニングにおける最優先事項は、何よりも選手が怪我なくプレーすることです。また、選手がサッカーを通して自己表現するためにも、身体的な土台が必要になります。

私が約10年間、高校サッカーチームのサポートに携わってきた中で強く感じることは、怪我によってサッカーができない期間は、選手にとって非常に辛い時間であると同時に、サッカー選手という限られた貴重な時間を減らしてしまっているということです。

ただその一方で、確かに怪我なくサッカー人生を送れることが理想ですが、サッカーというスポーツにおいては、あらゆる傷害を回避することは難しいという現実もあります。

しかし、適切なトレーニングと適切なリカバリーによって、多くの傷害を回避することは可能です。そのためには、特に育成年代において低下しやすい筋の柔軟性を高め、各関節の可動性を改善させて安定性を向上させることによって、傷害の予防を図ることがとても重要になります。

本書でも紹介しているように、身体機能の改善や向上は、傷害予防効果だけでなく、競技パフォーマンス向上の土台にもなります。

試合やトレーニングによって身体に適切な負荷をかけ、適切なリカバリーによって回復し、再び身体に適切な負荷をかけられる準備を行うというサイクルを繰り返すことが、とても重要です。そしてそれらを実現するためには、正しいトレーニングスケジュールの管理が必要になります。

確かにチームによっては、選手個人がこれらを管理することが難しい状況にあるというケースもあるでしょう。しかしそんな中でも、食事や睡眠によるリカバリーの質を向上させたり、筋の柔軟性や各関節の可動性を改善するためのストレッチやエクササイズを練習以外の時間で行ったりすることは可能だと思われます。それらを日々のウォーミングアップに組み込むこともそうですし、クーリングダウンの時間などに、意識的に自分の身体と向き合う機会を作ることも大切な方法のひとつです。そういった小さなことの積み重ねが大切なのです。

サッカー選手として大きな転換期である育成年代において、怪我なく有意義なサッカー人生を送るために、そしてジュニアユース年代（中学）、ユース年代（高校）のみならず、それ以降も長く続くであろうサッカー人生を健全に送るためにも、本書がその一助となれば幸いです。

監修者プロフィール

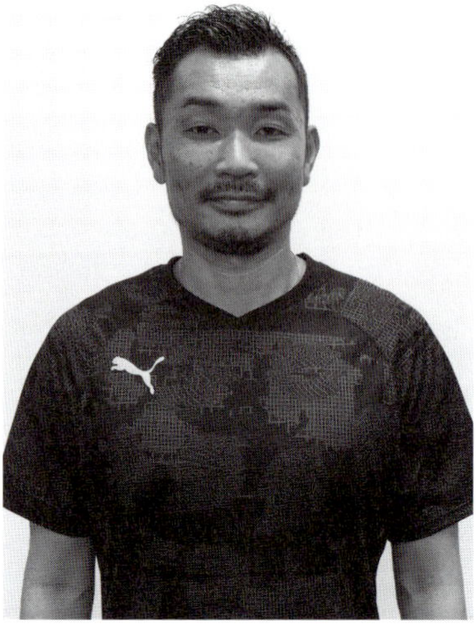

三栖 英揮

Misu Hideki

1978年生まれ。Dr.ARMS with 箕山クリニック所属。株式会社M's AT project代表取締役。日本スポーツ協会公認アスレティックトレーナー、日本トレーニング指導者協会認定トレーニング指導者。 現在、鹿児島ユナイテッドFC（J2）コンディショニングコーチ、國學院久我山高校サッカー部コンディショニングコーチ、スフィーダ世田谷FCコンディショニングアドバイザーを務める。過去には、日本オリンピック委員会強化スタッフ（2005-2012）、 FC琉球（J3）コンディショニングコーチ（2017-2018）なども歴任。

永井 将史

Nagai Masashi

1983年生まれ。Dr.ARMS with 箕山クリニック所属。国際武道大学大学院、武道・スポーツ研究科修了。日本スポーツ協会公認アスレティックトレーナー。現在、船橋市立船橋高校サッカー部フィジカルコーチ、川崎市立橘高校サッカー部コンディショニングアドバイザー、帝京大学医療技術学部・スポーツ医療学科非常勤講師を務める 。過去には、神奈川県サッカー国体少年男子代表チームトレーナー（2014）、日本高校サッカー選抜トレーナー（2019）なども歴任。

撮影モデル

國學院久我山高校サッカー部
選手の皆さん

平野 雅之
Hirano Masayuki
國學院久我山高校サッカー部
アスレティックトレーナー

撮影協力

國學院久我山高校サッカー部

Dr.ARMS 箕山クリニック

Dr.ARMS with 箕山クリニック

Dr.の右腕(arms)となり、各種スポーツの競技現場で活動するアスレティックトレーナーおよびコンディショニングコーチが、スポーツ総合医療の箕山クリニックと連携し、アスレティックトレーニングの指導を行う施設。

http://www.msat.co.jp/drarms/index.html

編集・執筆　中山淳（有限会社アルマンド）
写真　甲斐啓二郎
カバーデザイン　柿沼みさと
本文デザイン・DTP　西村巧・佐藤信男（株式会社ファーブル）

パーフェクトレッスンブック

身体《からだ》が変《か》わるとプレーが変《か》わる 超《ちょう》常《じょう》識《しき》！ サッカーフィジカルトレーニング

監　修　三栖《みす》英揮《ひでき》、永井《ながい》将史《まさし》
発行者　岩野裕一
発行所　株式会社実業之日本社
〒107-0062　東京都港区南青山 5-4-30
CoSTUME NATIONAL Aoyama Complex 2F
[編集部] 03-6809-0452
[販売部] 03-6809-0495
実業之日本社ホームページ　http://www.j-n.co.jp/
印刷・製本　大日本印刷株式会社

ISBN978-4-408-33868-2（書籍管理）

1906(01)